本书得到教育部人文社会科学研究项目（编号：10YJC790397）、湖北省社会科学基金（编号：2012118）和中南民族大学中央高校基本科研业务费专项资金项目（编号：CSW14021）的资助

中国农产品营销渠道联盟问题研究

ZHONGGUO NONGCHANPIN YINGXIAO QUDAO LIANMENG WENTI YANJIU

赵晓飞　著

中国社会科学出版社

图书在版编目（CIP）数据

中国农产品营销渠道联盟问题研究/赵晓飞著.—北京：中国社会科学出版社，2015.1

ISBN 978-7-5161-5255-3

Ⅰ.①中… Ⅱ.①赵… Ⅲ.①农产品—市场营销学—研究—中国　Ⅳ.①F724.72

中国版本图书馆 CIP 数据核字（2014）第 297488 号

出 版 人	赵剑英
责任编辑	卢小生
特约编辑	林　木
责任校对	郝阳洋
责任印制	王　超

出　　版	中国社会科学出版社
社　　址	北京鼓楼西大街甲 158 号（邮编 100720）
网　　址	http：//www.csspw.cn
	中文域名：中国社科网　010-64070619
发 行 部	010-84083635
门 市 部	010-84029450
经　　销	新华书店及其他书店
印　　刷	北京市大兴区新魏印刷厂
装　　订	廊坊市广阳区广增装订厂
版　　次	2015 年 1 月第 1 版
印　　次	2015 年 1 月第 1 次印刷
开　　本	710×1000　1/16
印　　张	11.5
插　　页	2
字　　数	190 千字
定　　价	35.00 元

凡购买中国社会科学出版社图书，如有质量问题请与本社发行部联系调换
电话：010-84083683
版权所有　侵权必究

前　言

随着农产品市场营销理论和实践的发展，农产品渠道联盟日益引起了理论界和实践界的关注，已成为农产品营销渠道发展的一个重要方向。本书主要是针对我国农产品渠道的现状、未来发展需要和理论研究不足，着力研究我国农产品渠道联盟问题。重点探讨联盟的思想、方法、策略等在我国农产品渠道领域的有效应用及应着力解决的问题，包括联盟构建的条件、模式选择、运行机制及稳定性问题，本书的理论与实证研究对丰富和完善我国农产品渠道理论，弱化"小农户"与"大市场"之间的矛盾具有重要理论和现实意义。

本书认为，农产品渠道联盟是指在竞争、合作的市场环境下，由农产品渠道链条中和渠道间一些相互独立的渠道成员（农户、合作社、企业、经销商等）在致力于相互信任和共同长远目标基础上，通过横向或纵向联合、协议或股权联结而组建的一种具有"战略合作关系"的分销网络利益共同体。构建农产品渠道联盟，一方面，可以使处于联盟网络中的成员专注核心优势，增强渠道竞争力；分享市场信息，降低经营风险；实现协同效应，创新经营方式；培育渠道主体，增强组织化程度。另一方面，可以将以往以生产为导向的发展模式转化为以市场为导向或以消费导向的发展模式，这将大大提高农产品流通效率，增加农民收入。但是由于我国农产品渠道主体组织化程度低、渠道主体之间利益联结机制不完善、信息缺乏共享、信任机制缺失等原因，导致我国农产品流通中还没有形成集约化、联盟化的渠道链条，并由此造成渠道成员间合作化水平低，渠道关系不稳定，流通效率低。因此，推动和引导广大农户、农业龙头企业、农产品经销商之间树立共同的远景目标，形成"风险共担、利益共享"的利益联结机制，进而建立起在专业分工、信息共享、相互信任和长期合作基础上的渠道联盟，是解决我国当前"小农户"与"大市场"之间矛盾的重要内容。

本书认为，当前情况下，我国已具备发展农产品渠道联盟的资源条件、政策保障和技术支持。但构建农产品渠道联盟需要以联盟有明确的目标和行动计划，联盟成员间有组织相容性、相互信任性，联盟成员间公平、科学、合理的利益分配，联盟成员间有一定程度的对称性依赖性为条件。

农产品渠道联盟模式的选择包括联盟组织模式选择和联盟结构模式选择。农产品渠道联盟组织模式选择可考虑从资源优势角度发挥合作社、龙头企业、批发商、超市等联盟主体的核心作用，从纵横两方面进行，构建"农产品渠道纵横联盟网"。可选择的联盟组织模式包括合作社主导下的渠道联盟、批发商主导下的渠道联盟、加工企业主导下的渠道联盟、营销企业主导下的渠道联盟、商业超市主导下的渠道联盟。由于主导企业的类型及其在渠道中所处位置不同，联盟组织模式形成的条件和特点也不同。

农产品渠道联盟结构模式的选择主要受双边依赖性和联盟主体对联盟控制要求的影响。理论分析表明，当联盟主体对联盟成员的依赖性强时，其对联盟的控制要求增强，股权式联盟成为较好的选择；反之，则选择契约式联盟。实证分析显示，交易特征因素、交易成本和风险感知都显著影响农产品渠道联盟结构模式选择，但资源依赖和风险感知对农产品渠道联盟结构模式选择的影响程度最大；资源依赖性越强，越倾向于选择股权式联盟，风险感知越强，越倾向于选择契约式联盟，且交易特征因素、交易成本和风险感知因素必须与联盟模式匹配才能够提升联盟绩效。研究还发现，交易成本和风险感知具有对联盟结构模式选择的中介效应，且风险感知具有完全中介效应。

农产品渠道联盟的基本运行目标是"合作共赢"，合作机制是农产品渠道联盟有效运行的基本机制，为此，需要建立农产品渠道联盟的信息共享机制、利益分配机制、信任机制和监督约束机制。

基于"农户+龙头企业"的联盟稳定性理论研究表明，农产品渠道联盟稳定性除了受合作产生的额外收益、双方为合作而付出的初始成本、收益与成本比较以及双方的贴现因子的影响，还受成员对客观自然状态认识的心理预期以及成员对声誉认知的影响。实证分析显示，农户规模、价格波动、谈判成本都对由农户和龙头企业组建的农产品渠道联盟稳定性有显著性影响，而信誉认知、心理预期和产品专用性的影响不显著。在影响渠道联盟稳定性因素重要程度上，价格波动居首位。其次是交易成本和农户规模，最后是心理预期，这说明外部市场价格因素成为影响农产品渠道联盟稳定的首要变量。因此，要提高农产品渠道联盟稳定性，必须综合考虑以上几方面因素，全面建立农产品渠道联盟稳定机制。

本书的研究创新主要体现在：首先，以"渠道关系"理论为基础，从联盟组织模式、联盟结构模式两个方面研究了我国农产品渠道联盟模式选择问题。尤其是把资源投入、交易特征、风险、竞争等因素纳入一个体系，从实证角度研究相关因素对农产品渠道联盟结构模式选择和联盟绩效的影响，具有一定的创新性。其次，本书以农户和龙头企业构建的农产品渠道联盟为研究对象，从心理预期、信誉认知方面研究影响农产品渠道联盟稳定性的因素，并进行了实证分析，提出了保持农产品渠道联盟稳定性的机制。

本书系教育部人文社会科学研究项目"我国农产品流通体系的变革与创新研究"（10YJC790397）、湖北省社会科学基金"湖北农产品现代流通体系建设研究"（2012118）和中南民族大学中央高校基本科研业务费专项资金项目"农产品流通渠道变革研究"（CSW14021）的阶段性研究成果，所提建议得到了湖北省政府主要领导批示，并被湖北省政府相关部门采纳。

由于作者学术水平有限，本书难免存在一些缺陷和不足，敬请读者批评指正。

赵晓飞
2015 年 1 月

目 录

第一章 绪论 ………………………………………………………………… 1

第一节 研究背景与意义 ………………………………………………… 1
  一 研究背景 …………………………………………………… 1
  二 研究意义 …………………………………………………… 2
第二节 国内外研究现状及评述 ………………………………………… 3
  一 营销渠道联盟的国外研究现状 …………………………… 4
  二 营销渠道联盟的国内研究现状 …………………………… 5
  三 研究评述 …………………………………………………… 6
第三节 研究内容与方法 ………………………………………………… 8
  一 研究内容 …………………………………………………… 8
  二 研究方法 …………………………………………………… 9
第四节 可能的研究创新 ………………………………………………… 9
  一 研究内容上创新 …………………………………………… 9
  二 研究方法上创新 …………………………………………… 9

第二章 农产品营销渠道联盟的一般分析及其理论基础 ……………… 11

第一节 营销渠道联盟的内涵、特征与分类 …………………………… 11
  一 营销渠道联盟的内涵 ……………………………………… 11
  二 营销渠道联盟的特征 ……………………………………… 12
  三 营销渠道联盟的分类 ……………………………………… 14
第二节 农产品营销渠道联盟的内涵、特征与分类 …………………… 16
  一 农产品营销渠道联盟的内涵 ……………………………… 16
  二 农产品营销渠道联盟的特征 ……………………………… 17
  三 农产品营销渠道联盟的分类 ……………………………… 18

第三节 构建农产品营销渠道联盟的必要性及优势 …………… 19
　　一 构建农产品营销渠道联盟的必要性 ………………… 19
　　二 构建农产品营销渠道联盟的优势 …………………… 22
第四节 构建农产品营销渠道联盟的可行性和必要条件 ……… 24
　　一 构建农产品营销渠道联盟的可行性 ………………… 24
　　二 构建农产品营销渠道联盟的必要条件 ……………… 25
第五节 农产品营销渠道联盟主体的界定 ……………………… 27
　　一 我国农产品营销渠道主体 …………………………… 27
　　二 我国农产品营销渠道联盟主体界定 ………………… 28
第六节 农产品营销渠道联盟的理论基础 ……………………… 29
　　一 交易成本理论 ………………………………………… 29
　　二 核心能力理论 ………………………………………… 30
　　三 资源依赖理论 ………………………………………… 30
　　四 价值链理论 …………………………………………… 30
　　五 供应链联盟理论 ……………………………………… 31
　　六 网络组织理论 ………………………………………… 31
本章小结 …………………………………………………………… 32

第三章 农产品营销渠道联盟组织模式选择 …………………… 34

第一节 营销渠道联盟模式内涵 ………………………………… 34
第二节 农产品营销渠道联盟组织模式构建 …………………… 35
　　一 合作社主导下的营销渠道联盟组织模式 …………… 35
　　二 加工企业主导下的营销渠道联盟组织模式 ………… 40
　　三 营销企业主导下的营销渠道联盟组织模式 ………… 44
　　四 批发商主导下的营销渠道联盟组织模式 …………… 46
　　五 超市主导下的营销渠道联盟组织模式 ……………… 49
　　六 五种农产品营销渠道联盟组织模式比较 …………… 52
本章小结 …………………………………………………………… 52

第四章 农产品营销渠道联盟结构模式选择 …………………… 55

第一节 农产品营销渠道联盟结构模式选择的理论分析 ……… 55
　　一 营销渠道联盟结构模式选择的影响因素 …………… 55

二　营销渠道联盟结构模式选择模型 …………………… 56
　　三　农产品营销渠道联盟结构模式选择 ………………… 57
　第二节　农产品营销渠道联盟结构模式选择的实证分析 ………… 58
　　一　文献回顾 …………………………………………… 58
　　二　研究模型与假设 …………………………………… 60
　　三　问卷设计与数据收集 ……………………………… 63
　　四　量表品质检验 ……………………………………… 64
　　五　模型的假设检验结果及分析 ……………………… 67
　　六　结论、创新点与研究局限 ………………………… 71
　本章小结 ……………………………………………………… 71

第五章　农产品营销渠道联盟运行机制 ………………………… 73
　第一节　农产品营销渠道联盟运行机制内涵 …………………… 73
　第二节　农产品营销渠道联盟信息共享机制 …………………… 74
　　一　农产品营销渠道联盟信息共享的内涵与特点 …… 74
　　二　农产品营销渠道联盟中信息共享的作用 ………… 75
　　三　农产品营销渠道联盟信息共享价值的博弈分析 … 76
　　四　农产品营销渠道联盟信息共享机制的构建 ……… 78
　第三节　农产品营销渠道联盟利益分配机制 …………………… 80
　　一　农产品营销渠道联盟利益分配的内涵与特点 …… 80
　　二　农产品营销渠道联盟利益分配的影响因素 ……… 81
　　三　农产品营销渠道联盟利益分配模式 ……………… 82
　　四　农产品营销渠道联盟利益分配模型 ……………… 82
　　五　农产品营销渠道联盟利益分配策略 ……………… 85
　　六　农产品营销渠道联盟利益分配机制的构建 ……… 88
　第四节　农产品营销渠道联盟信任机制 ………………………… 91
　　一　农产品营销渠道联盟中信任的内涵 ……………… 91
　　二　农产品营销渠道联盟中信任的作用 ……………… 92
　　三　农产品营销渠道联盟中信任价值的博弈分析 …… 94
　　四　我国农产品营销渠道联盟中的信任度分析 ……… 96
　　五　农产品营销渠道联盟中信任机制构建：案例与启示 …… 98
　第五节　农产品营销渠道联盟的监督约束机制 ………………… 105

一　农产品营销渠道联盟监督约束的内涵…………………… 105
　　二　农产品营销渠道联盟中机会主义行为的博弈分析……… 105
　　三　农产品营销渠道联盟监督约束机制的构建……………… 113
　本章小结……………………………………………………………… 116

第六章　农产品营销渠道联盟稳定性的理论与实证分析………… 118
　第一节　问题的提出与文献回顾………………………………… 118
　第二节　农产品营销渠道联盟稳定性研究的界定……………… 119
　第三节　基于演化博弈视角的农产品
　　　　　营销渠道联盟稳定性分析…………………………… 121
　　一　演化博弈模型……………………………………………… 121
　　二　模型分析…………………………………………………… 123
　　三　结论及建议………………………………………………… 126
　第四节　基于心理预期视角的农产品
　　　　　营销渠道联盟稳定性分析…………………………… 128
　　一　模型假设…………………………………………………… 128
　　二　讨论与分析………………………………………………… 128
　　三　结论及建议………………………………………………… 130
　第五节　基于声誉视角的农产品营销渠道联盟稳定性分析…… 131
　　一　模型假设…………………………………………………… 131
　　二　模型分析…………………………………………………… 132
　　三　结论及建议………………………………………………… 135
　第六节　农产品营销渠道联盟稳定性的实证分析……………… 137
　　一　农产品营销渠道联盟形成的数学描述…………………… 137
　　二　影响农产品营销渠道联盟稳定性的因素………………… 139
　　三　实证分析…………………………………………………… 145
　　四　结论及建议………………………………………………… 147
　本章小结……………………………………………………………… 149

第七章　结论与展望………………………………………………… 150
　第一节　研究结论………………………………………………… 150
　　一　关于农产品营销渠道联盟一般问题的分析……………… 150

  二 关于农产品营销渠道联盟模式的选择……………………151
  三 关于农产品营销渠道联盟运行机制的构建………………152
  四 关于农产品营销渠道联盟稳定性的分析…………………153
 第二节 研究展望……………………………………………………154
  一 农产品营销渠道联盟管理问题………………………………154
  二 农产品营销渠道联盟的风险控制问题………………………154
  三 农产品营销渠道联盟的合作绩效评价问题…………………154
  四 农产品营销渠道联盟的稳定性测评问题……………………155

附录……………………………………………………………………156
参考文献………………………………………………………………161
后记……………………………………………………………………170

第一章 绪论

第一节 研究背景与意义

一 研究背景

随着农产品市场营销理论和实践的发展，渠道联盟日益引起理论界和实践界关注，已成为农产品营销渠道发展的一个重要方向。

渠道联盟作为一种营销思想和经营模式，由于其更强调成员各方的协调和默契，在灵活性、自主性和经济效益等方面比其他合作形式有更大的优势（李艳秋，2007）。在非农领域，比如，宝洁和沃尔玛的渠道联盟、欧洲超市联盟，它们已从战略角度和技术层面对联盟运作都有了比较成熟的模式，实践也证明了这种渠道联盟的方式对提高双方的管理水平、营运效率以及实现消费者的快速反应都有显著作用。国内的一些大型零售商如物美、百联等也开始尝试这种新型的模式，它们通过签署联盟合作协议来提高竞争力。

但目前国内外对渠道联盟的研究基本上都是以世界知名生产商与大型零售商之间的联盟为研究对象，大部分集中在工业品营销领域，在农产品营销领域研究渠道联盟的甚少。实际上，无论从农户、农业企业还是农产品分销商角度，实施基于长期合作的渠道联盟都会给双方带来收入的提高和竞争力的增强。通过实施农产品渠道联盟，发挥规模经济效益，除了可以降低产销成本外，还可以拓展新市场；渠道联盟的共同营销则可强化渠道成员的对外谈判力量，增强渠道整体竞争力；组成联盟后，由于信息分享，有利于互相学习并进行经验交流；通过实施农产品渠道联盟，农业竞争也将由以往着重于个别产品生产力提高的竞争，转为强调整合农业部门所有资源的策略性竞争，以克服小农经营的困境，达成组织再造的功能；

农产品渠道联盟的推动，还可以增加农村就业机会与活力，提高农民收入，促进农业和农村经济的发展。

二 研究意义

构建基于长期合作理念、专业分工、规模经济、资源信息共享的农产品渠道联盟，对于解决我国农产品流通中存在的诸多问题及丰富和完善我国农产品营销渠道理论具有重要的现实和理论意义。

首先，从现实情况来看，我国农产品渠道存在的主要问题是农产品渠道主体行为不一致，往往各自为政。[①] 当前，我国农产品流通渠道形式多样[②]，但渠道中各主体往往只注重自身利益，农户与合作组织往往只考虑如何增加农产品卖给中间商的价格，中间商常通过"欺上瞒下"以获取自己的最大利益，而销售商往往只求降低进价提高卖价（王新利、李世武，2008）。这种现象导致结果是交易成本高、信息沟通闭塞[③]、成员利益（尤其是农户）得不到保障、渠道中道德风险和逆向选择严重、渠道关系不稳定、流通效率低下。然而，现代农产品渠道强调整体协同，即农产品渠道中的每一渠道主体的行动要以渠道整体利益最大化为目标，不能各自为政，这就要求渠道主体如农户、企业、分销商必须加强合作，构建渠道联盟。通过构建渠道联盟，在上游，通过联盟合约形式将企业、农户联结起来，企业可以利用自己的经济实力和市场优势，为农户提供资金、技术、市场信息等方面的支持，农户则可根据企业的标准组织生产；在下游，通过联盟合约形式将企业、分销商联系起来，企业可利用自己的协调整合能力进行市场化运作，能够有效保证渠道效率的提高和渠道运作成本的降低。因此，促进农产品渠道成员间通过同业或异业合作组建农产品渠道联盟，使农户、企业、分销商以及其他渠道成员找到一个可以长期分工合作的伙伴，以降低交易成本、共享市场信息、保证成员收益、稳定渠道

---

① 陈超2003年的调查显示，大约只有20%的初加工企业致力于与下游伙伴形成战略联盟，而初加工企业与上游供应者形成战略联盟的比例不足20%。也只有20%左右的零售商与其他成员开展战略联盟活动。

② 我国当前的农产品流通渠道形式主要有：公司+农户，中介组织（合作社、协会）+农户，专业市场+农户，超市+农户等。

③ 据陈超2003年一项对江苏猪肉加工企业供应链管理的调查，只有35%的初加工企业与下游客户交换自身的库存状况、经营状况等信息，相比较，只有10%的初加工企业与上游农户交换这些信息，只有5%的零售商与其供应商交换库存与经营业绩等信息。而据江波2007年一项对四川农产品供应链垂直协作关系的调查显示，只有1%的农产品加工企业与销售商全部共享企业的信息。

关系，这是提高我国农产品流通效率的现实需要。

其次，从理论研究来看，目前对渠道联盟的研究已取得了较为丰硕的成果，但大部分都是以"工业品"渠道中生产商与经销商的联盟为研究对象，尽管也有不少学者提出了构建农产品渠道联盟的重要性和必要性（孙剑、李崇光，2003；王新利、李世武，2008；蔡文著、刘华，2010），但把"工业品"渠道联盟的思想、理论、方法应用到农产品渠道领域，研究农产品渠道联盟问题尚缺乏系统、深入的论述。①

本书正是基于上述实际发展需要和理论研究不足现状提出研究我国农产品渠道联盟问题，本书的理论与实证研究对丰富和完善我国农产品渠道理论，解决我国农产品渠道中存在的各自为政、缺乏整合②、成本居高、信息不畅、利益不均、信任缺失、关系不稳等问题，进而弱化"小农户"与"大市场"之间的矛盾具有重要的理论和现实指导作用。

第二节 国内外研究现状及评述

单独研究农产品渠道联盟的文献目前比较缺乏，大部分集中于工业品领域研究渠道联盟。渠道联盟研究吸纳了战略联盟的思想，是战略联盟理论在渠道关系领域的应用。③

国外对渠道联盟的研究主要集中在对联盟重要性、联盟的实质、联盟目的和绩效、联盟成员行为模式、联盟模型、联盟利益分配和联盟稳定性等方面。

国内研究主要集中在对联盟形成机制、联盟规则、联盟实施难点、联

---

① 国外对农产品流通渠道的研究集中在对渠道基础理论的研究（Coughlan et al., 2001; Vazquez et al., 2005）；渠道变革成因和变革机制的研究（Quinn, 2005; Grewal and Dharwadkar, 2002）；渠道模式理论的研究（Teece, 1992; Coughlan et al., 2001）；渠道嵌入理论的研究（Wilkinson, 2001; Claro et al., 2003）。国内对农产品流通渠道研究多集中在对渠道现状的研究（王凯、韩纪琴，2002；孙剑、李崇光，2003；黄祖辉、刘东英，2005）；渠道变革的研究（孙剑、李崇光，2003；李飞，2003；周发明，2009）；渠道模式的研究（寇平君等，2002；张闯、夏春玉，2005；王新利、李世武，2008）；渠道优化的研究（李飞，2003；陆芝青等，2004；朱秀君、王颢越，2005；王颖、王方华，2006；杜岩，2009）；渠道系统和渠道组织的研究（姚今观，1995；何秀荣，2003）等方面，而鲜有对农产品渠道联盟问题的系统研究。

② 主要表现在企业与农户、分销商主要还是以市场交易关系为联结纽带。

③ 渠道关系理论认为，战略联盟是渠道关系中最高、最好的形式（刘伟宇，2002）。

盟利益分配和联盟类型（模式）等方面。

一 营销渠道联盟的国外研究现状

（一）关于联盟重要性的研究

F. E. 韦伯斯特（Webster, 1992）认为，营销渠道从交易型和官僚式向着更加灵活的伙伴、联盟和网络的转变是一场显而易见的革命。蒂斯（J. D., Teece, 1992）认为，通过成员合作，联盟可以创造出任何一方单独所无法实现的价值，联盟的共同营销，可以强化对外谈判力量，有效达成市场区隔，提升产品竞争力。

（二）关于联盟的实质、目的和绩效的研究

纳拉斯和安德森（Narus and Anderson, 1986）、斯特恩（Stern, 2001）、蒂斯（1992）指出，联盟的实质是渠道成员间以承诺为核心的长期渠道关系。摩根和亨特（Morgan and Hunt, 1994）认为，渠道联盟的实质是承诺和信任。洛伦奇和鲁斯（P. Lorange and J. Roos, 1993）指出，通过合作创建的联盟网络能够以较低的费用扩大市场。Siguaw 和 Baker（1998）的研究表明，联盟能够使联盟成员获得差异化优势，并能够在财务绩效上获得相当大的改进。

（三）关于联盟成员行为模式的研究

Mohr 和 Nevin（1990）认为，信任和沟通是联盟合作的基本规则。斯特恩（2001）等认为，沟通是建立忠诚的渠道联盟的重要因素。海德（Heide, 1992）认为，联盟双方的忠诚和专有性投资是维持联盟连续性关系的重要保证。斯特恩（2001）认为，企业应选择具有互补能力的企业作为建立联盟的对象。

（四）关于联盟模型的研究

主要体现在以下方面：第一，研究联盟形成过程模型。Heiko Wolters 和 Frank Schuller（1997）应用动态博弈模型证明只有当生产商和经销商两者之间的不确定性大大降低之后，联盟才能够得以形成。Vijay Mahajan 和 Eitan Muller（1998）研究了生产商形成中长期动态产品联盟的条件，认为只在双方力量相近的时候联盟才更有吸引力。渠道联盟不仅仅关注结果和管理结构的研究，还要关注过程的重要性（Parkhel, 1993; Ring and Randeven, 1994; Gulati, 1995）。第二，从经济学的角度分析联盟的博弈结构。Bruce Kogut（1988）最早描述了联合企业的完整发展，并通过建立数理模型分析了联盟的均衡结构。Karl Morasch（2000）把联盟看成一个斯坦博格尔的卡特尔结构模型。

(五) 关于渠道联盟利益分配和稳定性研究

这方面的研究主要是从战略联盟和供应链联盟两个角度展开。Karl Morasch (2000) 通过建立适当的委托机制，如何在生产型合作企业中传递价格和利益共享，从而确定在不同联盟结构下联盟的利益分配结构。Srinagesh Gavimeni (2001) 研究了包含一个生产商和多个销售商的典型供应链中的生产和利益分配问题。对联盟稳定性研究目前集中在：资源基础理论解说（强调资源困境）、交易费用理论解说（强调信息不对称）、博弈理论解说（强调道德风险）、社会困境理论解说（强调联盟的公共物品性质）等（蔡继荣，2006）。

二 营销渠道联盟的国内研究现状

(一) 关于联盟形成机制的研究

张旭明等（2006）探讨了战略联盟形成的机理，认为战略联盟形成的前提是面向合作竞争的集体理性，而建立战略联盟的基础是企业间核心能力互补。王国顺、罗逊维（2006）运用修正后的威廉姆森模型，从效率改进角度解释了战略联盟的中间组织特性及其形成机理。王战平、李海瑞（2006）基于自组织理论提出了营销渠道联盟的形成机制，认为渠道战略联盟形成的主要动因在于对不断变革的环境的一种自适应，渠道联盟形成在于环境的变革与企业竞争优势相互作用的结果，渠道联盟形成进程是从机械式向有机化不断进化的过程，从静态均衡向动态均衡变革的过程。

(二) 关于联盟规则的研究

吴敏锦（2006）从战略联盟成本、收益的基础上，提出了联盟分配的规则。陈莉平（2006）从管理角度提出了一个战略联盟伙伴的动态管理模型，并阐述了运用该模型对联盟伙伴进行动态、有效管理的全过程。陈朝阳等（2006）提出了营销渠道联盟的四阶段思想和渠道联盟成员选择的准则。

(三) 关于联盟实施难点的研究

杨慧（2003）从流通渠道联盟角度论述了联盟信任关系维护、渠道权力复归避免、产销对立关系缓解是联盟实施的关键难点，流通渠道成员要充分认识组建渠道战略联盟的战略意义，以积极的态度，并结合自身实际，加强与渠道成员的纵向或横向联合，在提高渠道整体效益前提下，谋取渠道个体成员利益的实现。

(四) 关于联盟利益分配的研究

魏修建 (2005) 从供应链由哪些资源构成以及这些资源对供应链的贡献程度探讨了供应链联盟利益分配的思路和框架。张小卫等 (2003) 通过建立"纳什谈判模型"和"不完全信息动态博弈模型"来探讨资产专用性和战略联盟利益分配的关系。杜义飞、李仕明 (2004) 指出,在供应链的企业中,谁具有价格决定权,谁将获得更大的利润。一些学者还深入研究了沙普利 (Shapley) 值法在供应链联盟利益分配中的应用。张玉华等 (2004) 介绍了沙普利值法求解合作博弈问题的原理和计算公式,并给出了该方法在由一个供应商和三个销售商组成的两级供应链利益分配中的具体应用。另外一些研究者则将供应链联盟的利益分配和风险共担联系在一起。张向阳、杨敏才 (2004) 运用利益分配和风险共担的平衡原则,通过建立模型得到结论:报酬合同中代理人利益分配的比例越高,其承担的风险也越大;反之亦然。

(五) 关于联盟类型的研究

杨慧 (2003) 通过定义流通渠道联盟为流通渠道内各成员之间为了实现资源互补等战略目标而结成的合作关系。其联盟类型主要包括:纵向联合、横向联合与交错联合等形式。孙素娟 (2006) 根据渠道中成员的经营方向将渠道联盟分为垂直联盟和水平联盟,根据联盟的紧密程度不同,将渠道联盟分为契约型 (通过契约方式)、管理型 (通过信用方式) 和公司型 (通过股权方式)。

三 研究评述

从文献回顾可以看出,国内外学者对渠道联盟的研究已经取得了丰硕研究成果,这些研究为本文的研究奠定了深厚的基础,但仍存以下不足。

(一) 研究对象和范围大都限于工业品渠道领域

不管是从联盟形成机制、联盟成员行为模式、联盟模型,还是从联盟利益分配、联盟稳定性、联盟模式等方面研究来看,研究对象大都限于工业品渠道领域,而在农产品渠道领域的研究较为鲜见。

实际上,由于我国农业过去都是小规模的经营,农民生产的农产品要么自己销售,要么通过中间商销售,因自己销售的范围不大,赚取利润是有限,通过中间商销售,价格和数量就会全被掌握在他们的手上,农民会失去议价的空间。因此,农户、农业企业希望通过同业间联盟或和异业联盟来提高收益。通过同业间联盟能凝聚同业间的力量，产生规模经济的效益，如降低成本、资源共享、经验交流。通过和异业之间的结盟，如和物流、运输、量贩店等通路商的合作，能发挥专业分工效益。最重要的是，通过结盟关系的建立，农民可以找到一个可以长期分工合作的伙伴，从而使农民收益获得保障。

（二）在联盟类型上，大多数研究只关注纵向联盟问题，而较少关注横向联盟问题

实际上，不同营销渠道成员横向相互联合而形成的联盟正逐渐成为除通常采用的并购、参股等合作形式外另一种重要的合作形式。从渠道控制权的角度来看，横向联盟要比纵向联盟简单而非正式，渠道关系的建立更多的是基于渠道的合作而非控制来实现的，同一层级中渠道成员之间所结成的横向渠道联盟本质上体现了企业间的合作关系（吴冠之，2001）。这些横向联盟，为了获取和利用对方的渠道资源，就以合作的方式来实现渠道资源的共享和互补，从而提高其自身的竞争力（吴冠之、刘阳，2006）。因此，横向渠道联盟应该成为渠道联盟研究一大亮点。

（三）对渠道联盟运行机制的研究还不是很完善

范小军（2006）研究认为，由于渠道观念落后、渠道成员漠视游戏规则和渠道外部环境变化等导致现有渠道成为企业发展瓶颈。因此，从研究效率到研究关系直至研究渠道联盟，将经济学引入渠道关系理论中，设计有效的运行机制，是市场营销渠道理论逐步发展与成熟的客观要求。因此，对渠道联盟的运行机制的研究也是农产品渠道联盟研究需要关注的一个重要问题。

（四）对渠道联盟稳定性的研究仍然存在较大缺口

第一，目前对联盟稳定性的研究大都是以战略联盟或供应链联盟为对象，大都从资源依赖角度、交易成本角度、社会困境角度进行分析，但缺乏渠道联盟稳定性的研究，且以往研究大都把利益分配作为影响渠道联盟稳定性的重要因素，然而，影响联盟稳定性的因素除了"利益分配"以外，"成员心理预期变化"及"成员对声誉认知"也是影响联盟稳定性不能忽视的重要因素，但这方面的研究还没有引起学者们的足够重视。

第二，在农产品营销渠道领域，目前还缺少系统研究农产品渠道联盟稳定性的文献，考虑我国农业现实，笔者认为，这方面有待加强。

针对上述渠道联盟的研究不足以及我国现行农产品渠道中存在的问

题，本书将以战略联盟、供应链联盟、渠道联盟理论、网络组织理论为基础，重点探讨将联盟的思想、方法、策略等应用到我国农产品渠道领域的有效途径及应着力解决的问题，力求丰富和完善农产品渠道理论，并为我国农产品营销渠道的实践提供有益指导。

第三节 研究内容与方法

一 研究内容

本书以战略联盟、供应链联盟、渠道联盟理论、网络组织理论为基础，力争将其与我国农产品渠道实际相结合，以我国农产品营销渠道中的主要成员"农户、合作社、农产品加工企业、农产品营销企业、农产品批发商、零售商（超市）"为研究对象，以构建农产品渠道联盟为核心，对我国农产品渠道联盟构建的必要性、可行性、优势、条件，联盟模式选择，联盟运行机制，联盟稳定性等问题进行系统研究，旨在为改善我国农产品流通渠道中各自为政、缺乏整合、成本居高、信息不畅、利益不均、关系不稳等问题提供指导。本书共分为七章，具体安排如下。

第一章主要介绍本书的研究背景、研究目的、研究意义、国内外研究动态及评述，并提出本文的研究思路、研究内容、研究方法及研究创新。

第二章在有关渠道联盟研究的基础上，重点介绍农产品渠道联盟的内涵、特征、分类，构建农产品渠道联盟的必要性、可行性、优势、条件及联盟主体界定，并总结农产品渠道联盟的相关理论基础，为后续研究打下基础。

第三章主要从理论视角研究我国农产品渠道联盟组织模式的选择问题，提出五种农产品渠道联盟组织模式，并论述了每种模式的内涵、特点和形成的条件。

第四章主要从理论和实证研究我国农产品渠道联盟结构模式的选择问题，为构建我国农产品渠道联盟提供理论基础和实证支撑。

第五章基于"合作共赢"的联盟构建目标，主要研究农产品渠道联盟的信息共享机制、利益分配机制、信任机制和监督约束机制的构建问题。其中，信息共享机制是基础，利益分配机制和信任机制是核心，监督约束机制是保障。

第六章以农户和龙头企业构建的农产品渠道联盟为研究对象，通过博弈分析研究影响农产品渠道联盟稳定性的因素，以理论分析为基础，提出研究假设，并进行实证分析，提出农产品渠道联盟稳定性机制。

第七章主要对全书进行总结，提出研究结论并指出未来的研究方向。

二 研究方法

本书采用理论研究与实证研究相结合、定性分析与定量研究相结合的研究方法，并在各个层面与侧面上各有侧重，实现方法上的创新。

理论研究主要应用于我国农产品渠道联盟"组织模式"选择，农产品渠道联盟运行机制等研究。实证研究主要运用结构方程模型（SEM）、Logistic 模型、案例分析等，主要应用于农产品渠道联盟"结构模式"的选择、联盟稳定性分析及渠道联盟信任机制的研究。

定性分析主要运用于农产品渠道联盟的内涵、特征，以及我国农产品渠道联盟的现状与问题分析。定量分析采用演化博弈（Evolutionary Game Theory）、委托—代理理论（Principal – agency Theory）、声誉理论（Reputation Theory）等方法，主要应用于农产品渠道联盟运行机制、农产品渠道联盟稳定性的分析。

第四节 可能的研究创新

一 研究内容上创新

首先，以"渠道关系"理论为基础，从联盟组织模式、联盟结构模式两个方面研究我国农产品渠道联盟模式选择问题。尤其是本书把资源投入、交易特征、风险、竞争等因素纳入一个体系当中，从实证角度研究了上述因素对农产品渠道联盟结构模式选择和联盟绩效的影响，具有一定的创新性。其次，本书以农户和龙头企业构建的农产品渠道联盟为研究对象，从先前学者较少关注的心理预期、声誉认知方面研究了影响农产品渠道联盟稳定性的因素，并进行了实证分析，提出了保持农产品渠道联盟稳定性的机制。

二 研究方法上创新

本书采用经济模型分析（Principal – agency Model，Stackelberg Model，Reputation Model）、演化博弈分析（Evolutionary Game Theory）和实证分

析（SEM、Logistic 模型）相结合的研究方法研究了农产品渠道联盟的运行机制、稳定性等问题，为相关领域的学者更深入研究我国农产品渠道联盟提供了新的研究手段。

第二章 农产品营销渠道联盟的一般分析及其理论基础

第一节 营销渠道联盟的内涵、特征与分类

一 营销渠道联盟的内涵

"战略联盟"（Strategic Alliance）是为达到一定战略目标而产生的相互联系和衔接，常被视为处理某类不确定性的机制。它是指两个或两个以上有着对等经营实力的企业，为达到共同拥有市场、共同使用资源等战略目标，通过各种协议、契约而结成的优势互补、风险共担、要素水平式双向或多向流动的松散型网络组织。它有别于完全以市场交易为基础和完全以市场内部化交易为基础的企业行为，也有别于垄断组织和其他形式的经济联合体。[①]"联盟"内涵是某种既包含竞争又包含合作的组织间关系，

[①] 战略联盟不同于少数寡头为操纵市场价格等而缔结的卡特尔组织。在基本特征方面，卡特尔成员企业间的竞争是一维的，企业关系仅仅是企业在同类产品市场上的限制性竞争行为；而战略联盟则是多维竞争模式，既可以是竞争对手之间的横向关系，又可以是资产互补的纵向关系，成员间是一种"竞合"关系。结成卡特尔的目的在于在产业内部通过约束企业的某些行为来限制竞争，或通过协议分配已有的利润份额，它是以降低消费者利益为前提的，是市场失灵的产物。联盟的目的是拓展竞争空间，很大程度上间接提高消费者剩余曲线的弹性，增加消费者剩余，进而增加社会福利。在治理结构上，卡特尔一般采取协议形式，并以具体的产品市场份额的多少作为利润分配基础；而战略联盟在治理结构上，形式更为灵活，既有契约式，又有股权式，利润生成取决于共同投入的异质性资源整合孕育的潜在利润空间（租金），这样的利润可在多种形式的要素和产品市场上体现出来。卡特尔的成员由于契约的不完备约束而具有浓厚的机会主义色彩，导致卡特尔的组织地位不稳定；相比之下，战略联盟的实施注重伙伴的选择以及灵活的治理结构形式，地位相对稳定，有强烈的目标导向。卡特尔的参与者是互为竞争的企业，即同为买方或卖方，它限制竞争。战略联盟的参与者是价值链相同或不同环节的企业，甚至不同行业的企业，它不限制竞争甚至鼓励竞争。

联盟是一种竞合组织。

营销渠道联盟或营销渠道战略联盟（Marketing Channel Strategic Alliances）是企业战略联盟在营销渠道中的表现。它是指渠道成员在共同利益和共同目标基础上，通过契约或股权等形式由不同层次的联盟伙伴形成的一种具有"战略合作关系"的分销网络，所谓"战略合作关系"即双方通过变原来的交易关系为合作伙伴关系，进而结成一个有着共同的长期目标的利益共同体，它是为了在降低不确定性的同时，又能够维持渠道成员的灵活性和保证渠道的效率而出现的，它对于降低渠道双方交易成本、减少环境不确定性和市场的多变性给渠道成员带来的冲击具有重要作用。

二 营销渠道联盟的特征

渠道联盟本质上是一种利益共同体，要求成员间以互相信任、资源共享、风险共担、收益共享为基础，根据商定的契约追求整体收益最大化和个体收益的不断提升，是信息技术高度发达背景下渠道成员间的一种新型合作方式与营销模式。具体特征表现为：

（1）渠道联盟是渠道成员特有的战略性市场行为。渠道联盟中的联盟成员是以营利为目的的组织或企业。因此，渠道联盟重要特征之一是"以企业特性为基础的一种组织间竞合行为或关系"。另外，渠道联盟渠道成员之间应对环境变化的应急反应，而是对优化渠道成员未来经营环境的长远谋划，是渠道成员的一种"随势而动"的战略性市场行为。

（2）渠道联盟是在多边关系基础上形成的相互依存的网络组织。渠道联盟是通过在各渠道成员建立一种平等、独立的协调合作关系，进而形成的一种基于多边关系基础的相互依存的网络组织，具有市场组织和企业科层组织不具备的优点（见表2-1）。

表 2-1　　市场组织、企业科层组织和网络组织的特点比较

类型	协调机制	协调基点	协调力量来源	协调成本	主体间关系	合作稳定性
市场组织	价格机制	价格	供求	营销成本、市场信息成本等	交换关系	弱
网络组织	关系互动机制	契约和关系	谈判和关系	谈判成本、关系投资与管理成本等	合作关系	比较强
企业科层组织	权威命令机制	权威	计划	生产成本、管理成本等	等级关系	很强

资料来源：夏春玉等：《农产品流通：基于网络组织理论的一个分析框架》，《中国流通业与新农村建设理论研讨会论文集》，2006年。

第二章　农产品营销渠道联盟的一般分析及其理论基础

(3) 渠道联盟的形成是渠道成员内外因素共同作用的结果。从外部来看，环境的变化是渠道联盟形成的主要原因，联盟可被视作渠道成员适应环境（激烈的市场竞争、高昂的渠道运营成本）的一种组织安排。从内部来看，渠道联盟的建立不仅可以使各渠道成员利用联盟伙伴的资源、实现运作上的协同、进而提升竞争力，还可以使各渠道成员相互分享对方信息，降低经营风险，这些优势从内部促成了联盟的形成。

(4) 渠道联盟是一种以信任为基础的伙伴关系（Partnership）。Monckza等（1998）认为，信任是拥有高质量伙伴关系的重要因素。因为在相互信任的前提下，渠道成员追求共同的超级目标，在这过程中往往为了联盟的稳定与成功，联盟双方出现相互妥协从而使渠道联盟的稳定性、有效性和效率都得到提高，进而导致较好的渠道绩效。以信任为基础的渠道联盟，不仅可以减少渠道冲突，还能从合作关系中获得各种协同效应（Synergy Effects）[1]，赢取长久的竞争优势。

(5) 渠道联盟既是一种组织安排，也是一种经营策略。在组织安排上，渠道联盟具有不同的组织形式，如合资、合作、交互许可等。在经营策略上，渠道联盟是渠道成员之间经过合作而获取长期竞争优势手段，它打破了渠道关系的传统疆界，参与成员通过资源共享、风险共担的契约或股权安排提高其竞争力，渠道联盟将做大做强的战略目标与实现战略目标的有效手段紧密结合起来，体现出渠道成员经营策略的一种新方式，从而适应了营销渠道的发展趋势。

(6) 渠道联盟成员间具有信息共享性、组织的松散性、合作平等性、关系长期性和利益互补性等特征。第一，在渠道联盟中，建立在以信息共享为基础上的成员间关系为联盟成功运作提供了有效平台，信息共享是渠道联盟成功的必备条件。第二，由于渠道联盟通常建立的并非是具有正式科层关系的公司实体，因此，联盟本身是松散的组织形式。第三，由于渠道联盟通常是在遵循自愿互利原则基础上所建立起来的合作关系，各渠道成员始终拥有自己独立的决策权（非行政隶属关系），因此，联盟成员间

---

[1] 协同效应（Synergy Effects），简单地说就是"1+1>2"的效应。协同效应可分外部和内部两种情况，外部协同是指一个集群中的企业由于相互协作共享业务行为和特定资源，因而比作为一个单独运作的企业获得更高的盈利能力；内部协同则指企业的生产、营销、管理等不同环节、不同阶段、不同方面共同利用同一资源而产生的整体效应。从渠道联盟来看，协同包含组织层面的协同、业务层面的协同和信息层面的协同。

的合作具有相互的平等性。第四，由于渠道联盟是由不同层次的联盟伙伴形成的一种具有"战略合作关系"的分销网络，因此，渠道联盟关系并不是成员与成员之间的一次性交易关系，而是相对稳定的长期合作关系。第五，渠道联盟之所以能够建立并得以维持，原因之一是每一个成员都能获得仅依靠单个成员自身力量难以获取的收益，因此，渠道联盟具有利益互补性特征。

三 营销渠道联盟的分类

渠道联盟的分类与战略联盟的分类相似，迈克尔·E. 波特（Michael E. Porter, 1985）从价值链角度把战略联盟分为纵向联盟（X 类联盟）和横向联盟（Y 类联盟）[①]，这种分法强调联盟中成员的经营方向和组织模式。哈里根（Harrigan, 1988）、奥斯本（Osborn, 1990）和蒂斯（1992）从联盟治理结构角度把战略联盟划分为股权式联盟和契约式联盟，这种分法强调联盟中成员间的紧密程度和结构模式。因此，参照战略联盟的分类，渠道联盟也有如下分类。

（一）根据渠道联盟中成员的经营方向分类

从联盟组织模式出发把渠道联盟分为纵向渠道联盟和横向渠道联盟。

（1）纵向渠道联盟（Vertical Alliance）。纵向渠道联盟通常指处于同一产业中，在经营上具有上下游关系的渠道成员形成的战略联盟，目的是获取专业分工的利益和实现规模经济效益。在纵向渠道联盟中，又根据联盟中主导主体的不同，分为厂家主导型和商家主导型。

（2）横向渠道联盟（Horizontal Alliance）。横向渠道联盟，也称共生渠道联盟，指两个或多个同行业或相关行业的渠道成员，为了发挥各自资源优势，提高市场渗透力与竞争力而形成的长期合作关系。横向渠道联盟对降低投资规模、实现联合开发和利用市场机会、减少竞争对手，进而增强各渠道成员竞争力具有重要作用。

Yoshino 和 Rangan（1995）在资源依赖理论的基础上，以组织间互动程度、潜在冲突性把联盟分为产销联盟、同业非竞争性联盟、同业竞争性联盟、异业联盟，其中同业非竞争性联盟、同业竞争性联盟、异业联盟即为横向联盟（见图 2-1）。

[①] X 类联盟和 Y 类联盟是格林沃特（P. Ghemawat）、哈默（G. Hamel）与普拉哈拉德（C. K. Prahalad）按照联盟企业在价值链中所处的位置对联盟的分类。其中，X 类联盟指企业之间的垂直联盟，Y 类联盟指企业之间的水平联盟。

组织间互动程度

	低	高
潜在冲突性 低	异业联盟	同业非竞争性联盟
潜在冲突性 高	供销联盟	同业竞争性联盟

图 2-1 基于组织间互动程度和潜在冲突性的联盟分类矩阵

资料来源：M. Yoshino and U. Rangan，*Strategic Alliances: An Entrepreneurial Approach to Globalization.* Harvard Business School Press, 1995。

同业非竞争性联盟（Non-Competitive Alliances）是指来自同一产业内的非竞争性厂商之间的联盟。比如，农业协会与农产品物流企业同属农业产业，之间并无高度竞争性，它们之间所建立的联盟即为同业非竞争性联盟。

同业竞争性联盟（Competitive Alliances）是指来自同一产业内，在最终产品市场上系处于相互竞争地位的厂商之间的联盟。比如，一些处于不同地区且彼此在市场上具有相同或相似品牌地位的厂商所建立的联盟即为同业竞争性联盟。

异业联盟（Pre-Competitive Alliances）是指不同行业市场主体在竞争压力越来越强的市场中，为形成必要的规模效应及商业信息网络，通过联盟的方式组成的利益共同体。异业联盟的主体间不是上下游的垂直关系，而是双方具有共同行销互惠性质的水平式合作关系。

（二）根据渠道联盟中成员的紧密程度分类

从联盟结构模式出发把渠道联盟分为股权式联盟和契约式联盟。

1. 股权式联盟

股权式联盟（Shares of Strategic Alliance）依靠股权协调机制（主要通过参股的形式）控制渠道成员，使其统一按照盟主的目标和要求进行分销。股权式联盟已经很接近渠道的一体化，但并没有实现所有股权的并购，还是两个独立主体之间的联盟。股权式联盟包括相互持股式联盟[1]和合资企业[2]式联盟（也叫实体联盟[3]）。

---

[1] 相互持股式联盟是指联盟成员通过购买对方股份而建立的一种长期的相互合作关系，一般指小额的股权购买，没有达到控股水平。

[2] 合资企业是指联盟成员将各自不同的资产组合在一起，共同生产、共担风险和共享收益。

[3] 实体联盟是指主要靠股权、合作协议等具有法律效力的契约约束组成的联盟。

2. 契约式联盟

契约式联盟（Contractual Strategic Alliance）是指两个或两个以上的渠道成员处于对自身经营目标、经营风险和资源的战略考虑，通过各种协议、契约而形成的非股权参与、优势相长、风险共担的一种松散型渠道合作模式。契约式联盟双方无须实际投资，只是利用契约进行约束，相互间的控制程度比较低，相对于股权式联盟而言，契约式联盟在经营的灵活性、自主性等方面具有更大的优越性，更具有联盟的本质特征。

第二节 农产品营销渠道联盟的内涵、特征与分类

一 农产品营销渠道联盟的内涵

农产品渠道联盟目前尚无一个统一的定义。参考渠道联盟及供应链联盟[①]的定义，并结合相关学者（马林、沈祖志，2004；程伟等，2006）的研究，笔者将其定义为：农产品渠道联盟是指在"竞合"的市场环境下，由农产品渠道链条中和渠道间一些相互独立的渠道成员（主要是农户、合作社、龙头企业、批发商/市场、零售商等）在致力于相互信任和共同长远目标的基础上，通过横向或纵向联合、协议或股权联结而组建的一种具有"战略合作关系"的分销网络利益共同体。它通常包括三个基本要素：一是联盟会涉及两个或更多个独立成员或区域市场（主要指农产品批发市场）；二是联盟的目的是实现关联方的特定战略目标，并共享联盟所带来的收益；三是联盟可以有多种组织形态（蔡柏良，2004）。

在农产品渠道联盟中，以往交易关系变为合作伙伴关系，每个渠道成员在各自领域内为联盟贡献自己的核心能力，相互联合起来实现优势互补、风险共担和利益共享，共同致力于发展长期合作关系，各渠道主体间

---

① 供应链联盟是在竞争、合作的市场环境下，由供应链上一些相互独立的实体为实现某一共同目标而组成的联盟，每个伙伴企业在各自优势领域（如设计、制造、零售和服务业等）为供应链联盟贡献自己的核心能力，相互联合起来实现优势互补、风险共担和利益共享（马祖军、武振业，2002）。它具有动态性、网络性、开放性、需求导向性等特征。与供应链联盟含义类似的概念还有近几年提出的虚拟企业、动态联盟、联网组织等诸多说法。供应链联盟和供应链是两个不同的概念，供应链侧重指企业间关系的组织形态，而供应链联盟则是组成供应链的节点企业为规制各自的行为而采取的组织形式，二者可以看作是内容和形式的关系。

的关系是平等、独立的协调合作关系。农产品渠道联盟是一种超越市场和科层组织的"中间组织模式"。

通过构建农产品渠道联盟,能够使农产品渠道链条各节点成员(组织)突破传统组织的有形界限,建立相互合作关系,实现渠道资源的有效整合,为构建具有"大流通、大市场、大集团"特点的农产品流通格局奠定基础。

二 农产品营销渠道联盟的特征

根据以上对农产品渠道联盟的定义,农产品渠道联盟除有渠道联盟特征以外,还具有以下显著特点:

(一)联盟体内部有一个核心企业[①]

农产品渠道和普通商品渠道不同,农产品的供应商大部分是分散的农户,市场意识薄弱,因此,根据联盟实践,必须有一个核心企业作为发起者组建联盟,农产品渠道联盟是以核心企业为中心所形成的网链,核心企业是整个渠道联盟的盟主。这个核心企业可以是农业专业合作社、涉农加工制造企业、涉农营销企业、农产品批发商、大型零售商(超市)等,这取决于核心企业的规模、信誉、号召力以及其对上述信息、物流等渠道功能的整合能力。

总之,核心企业是渠道联盟得以维持和发展的中坚力量,通过选择有一定规模、较高威信和号召力、良好商业信誉、较强渠道整合能力的农业企业或组织担当渠道联盟的组织者,是农产品渠道联盟得以构建和有效运作的基本保证。

(二)联盟主体间有较高的专业化分工

农产品渠道联盟与其他联盟一样,各联盟成员要专注于自己最有竞争力的业务,通过发挥成员的核心优势和业务的互补性实现对渠道的集成、协调与重构,从而提高农产品流通效率。比如对农户拥有的劳动力和农产品,龙头企业和经销商拥有的资金、分销网络、市场信息、技术、专利、

[①] 为了严谨起见,这里并没有用"龙头企业"这个称谓。龙头企业一般指:以农产品生产、加工或流通(含批发)为主,通过各种利益联结机制与农户相联系,带动农户进入市场,使农产品生产、加工、销售有机结合、相互促进,在规模和经营指标上达到规定标准并经政府有关部门认定的具有独立法人资格的企业,龙头企业可以是生产加工企业,可以是中介组织和流通企业,还可以是农产品批发商(市场)。而核心企业尽管也可以是生产加工企业、中介组织、流通企业、农产品批发商(市场),但不必经政府有关部门认定。

品牌、企业形象等资源。

（三）联盟是一个具有动态性、开放性、松散性、灵活性的网络组织

农产品渠道联盟本身是一个动态的开放体系，节点成员之间并不存在着控制与被控制的关系，它们完全是为了共同的利益走到一起来的，所以，一旦市场环境发生了变化，联盟内部会对市场变化作相应的调整。农产品渠道联盟是一种松散的协作组织形式，其建立的并非是独立的经济实体，成员之间的关系也并不正式，仅仅是一种松散的企业间经营方式，它所形成的是以契约或协定为基础的一种松散性合作关系。农产品渠道联盟并不强调成员之间在所有方面的相容性，所重视的是相互间渠道资源的共同运用，它不必形成法律意义上的经营实体，进行一揽子资源的相互转移，因此农产品渠道联盟更具有灵活性。农产品渠道联盟本质上是一种网络组织（贾平，2007）。

（四）联盟是打造具有"大流通、大市场、大集团"特征的农产品流通格局的重要手段

所谓"大流通"，从营销渠道视角讲，主要是指通过联盟形成生产、流通、消费之间有效的互动传导机制，使流通真正成为融商流、物流、信息流、资金流于一体的有机体系，它主要通过流通功能联盟来实现。

所谓"大市场"，主要是指通过建立区域市场间的联盟，打破地区封锁，消除各种形式的地方保护主义和区域贸易壁垒，以形成全国统一市场，它主要通过流通市场联盟来实现。

所谓"大集团"，是指通过联盟形成一批资本规模和销售规模庞大、市场覆盖面广，并具有现代化经营管理水平的全国性农产品加工、流通集团，并以他们来主导农产品生产、流通。它主要通过构建企业联盟，即通过构建"企业航母或企业集团"来实现（蔡柏良，2004）。

三 农产品营销渠道联盟的分类

对农产品渠道联盟的分类与渠道联盟类似。从联盟组织模式和联盟结构模式可分为两类。

（一）按联盟组织模式分类

从联盟组织模式出发把农产品渠道联盟分为纵向联盟和横向联盟。纵向联盟是指在农产品流通中，具有上下游关系的渠道成员为获取专业分工的利益和实现规模经济效益所形成的渠道联盟。纵向联盟存在于渠道链条的不同层次之间，它是利用整个链条的力量去同市场上的其他链条

竞争。

横向联盟是指是在渠道链中同一层次的渠道成员间建立战略联盟关系。Liz Hall 和 Ryan（1998）认为，这种联合对于小生产者，如分散的农村生产者非常可行，能使他们通过集体力量参与流通并通过谈判保护自己的权益。从渠道控制权的角度来看，为了获取和利用对方的渠道资源（共享和互补），以横向合作方式建立起来的横向联盟更能体现联合合作的本质。

（二）按联盟结构模式分类

从联盟结构模式出发把农产品渠道联盟分为股权式联盟和契约式联盟。股权式联盟依靠股权协调机制控制渠道成员，包括相互持股式联盟和合资企业式联盟。契约式联盟是指通过各种协议、契约而形成的一种非股权参与、优势相长、风险共担的松散型渠道合作模式。它的特点是成员相互独立，又相互联系；组建成本低；联盟的灵活性、自主性大。

第三节　构建农产品营销渠道联盟的必要性及优势

一　构建农产品营销渠道联盟的必要性

近年来我国已有一些农业合作社、农产品龙头企业及一部分农户开始尝试整合生产、创新销售渠道，逐步实施农产品产销联盟化。但总体来看，我国农产品流通渠道特点仍表现为：渠道成员各自为政、缺乏整合；渠道主体规模较小；流通环节大都呈现出单纯的竞争关系；渠道成员间合作与协调意识较弱；利益联结机制不完善；渠道成员只追求眼前利益而较少考虑长期利益；相互之间的业务联系以市场交易为主，缺乏信息共享和相互信任；交易的不确定性高，机会主义盛行；渠道关系不稳定。这就导致我国农产品流通渠道中各渠道主体规模无法扩大、产业化水平低、渠道竞争力不强等。因此，构建基于长期合作理念、专业分工、规模经济、资源信息共享的农产品渠道联盟，在当今历史条件下有非常强的必要性。

（一）从世界发达国家农产品流通渠道实践来看，联盟是必然趋势

迄今为止，世界发达国家农产品流通渠道主要有三种模式：东亚模

式、西欧模式与北美模式（夏春雨，2005）。尽管这几种流通渠道模式由于受各国社会体制、经济发展水平、农业生产特点等影响表现出一定差异，但都存在如下共同特征：

（1）渠道主体组织化、规模化。农业发达国家的农产品流通渠道主体主要是企业化经营的公司和农户联合起来的合作组织（如农协、合作社），而非农民个人。例如，美国的连锁超市、德国的合作社、日本的农协都在农产品流通过程中发挥重要的流通主体作用，表现为高度的组织化和规模化。

（2）渠道关系合作化、一体化。合作化是指农产品流通渠道成员由原来各自追求利润最大化为目的的交易关系转变为生产、流通、消费等全过程服务目标统一性的各种合作关系或伙伴关系。如农产品加工企业、批发商、零售商通过合作、联合等形式实现的纵横联合。一体化是指农户、农业企业、农产品分销商之间通过某种经济约束或协议，把农业的生产过程各个环节纳入同一个经营体内，形成风险共担、利益共享、互惠互利、共同发展的经济利益共同体。如农业关联企业与工商业结合在一起，形成农工商联合企业或农工综合体。

因此，通过组建具有共同目标和利益追求的农产品渠道联盟，实现渠道主体组织化、规模化及关系合作化、一体化是现代农产品流通发展的主要方向和必然趋势。

（二）从我国农产品流通渠道发展现实来看，联盟是必然选择

我国现有的农产品流通渠道模式主要有"农户+批发商"模式，"农户+龙头企业"模式，"农户+合作社+龙头企业"模式，"农户+供应商+超市"模式等（赵一夫、任爱荣，2007）。这些农产品流通渠道模式在实现我国农业产业化，解决"小农户"与"大市场"之间矛盾方面发挥了积极作用，但仍存在如下主要问题：

（1）渠道主体组织化程度低，集约化、联盟化的渠道链条缺失。我国农产品流通渠道的主体是分散的农户、发育不完善的合作组织和规模小、数量少的龙头企业。由于渠道主体组织化程度低（主要是中坚力量薄弱和龙头企业发展滞后），导致我国缺少大型的农产品经销企业（集团）并由此而形成的集约化、联盟化的渠道链条。

(2) 渠道主体之间利益联结机制①不完善，信任机制缺失②，合作化水平低，渠道关系不稳定。

首先，我国农产品流通渠道成员之间大都呈现产销分离状态③，不能形成紧密型合作关系，突出表现在农户和企业双方违约率高。其次，由于渠道主体之间没有形成"风险共担、利益共享"的利益联结机制，成员之间常常会产生利益上的冲突，这种利益冲突进而导致各成员间信任不足。这种非信任行为导致双方无法建立互相信任的协作关系，也无法对渠道中的各项活动实行有效的整合和协调。最后，由于渠道主体之间利益联结机制不完善，信任机制缺失，导致合作化水平低，渠道关系不稳定。

综上，推动和引导广大农户、农业龙头企业、农产品经销商之间树立共同的远景目标，形成"风险共担、利益共享"的利益联结机制，进而建立起在信息共享（Information Sharing）、相互信任④和长期合作基础上的渠道联盟，是解决我国当前"小农户"与"大市场"之矛盾的重要内容。

首先，从渠道运作成本来看，通过构建基于"风险共担、利益共享"和相互信任的渠道联盟，一方面可以改善我国目前农产品渠道主体组织化程度低、规模小的状况，通过渠道成员间资源的相互整合，降低渠道运营成本；另一方面，联盟企业通过契约、相互持股等形式稳定其合作关系，有利于实现信息共享，减少企业间的机会主义行为和交易中的不确定性，降低交易成本。

---

① 利益联结机制是指各渠道主体之间在利益方面相互联系、相互作用的制约关系及其调节功能，它包括两个方面内容：利益的创造机制和利益的分配机制。完善的利益联结机制表现为渠道主体间形成"风险共担、利益共享"的利益共同体。

② 据笔者 2010 年 8 月对湖北省洪湖市水产品流通渠道现状的调查，在谈及是否信任对方时，只有 1.7% 的养殖户完全信任对方。渠道信任缺失会对渠道成员心理上的安全期望造成冲击，加剧他们对未来不确定性的预期，放大市场机制的缺陷，增加交易成本与风险，降低流通的效率。

③ 比如"农户+批发商"和"农户+龙头企业"等，它在解决"小农户"与"大市场"的矛盾中发挥了一定作用，能够在一定程度上提高农户和企业的收益，但这种关系本质上还是一种产销分离状态。

④ 相互信任对渠道的绩效产生正面的影响。因为，在相互信任的前提下，农户、龙头企业和分销商追求共同的超级目标，在这过程中往往为了关系的稳定与成功，双方出现相互妥协从而使渠道的有效性和效率都得到提高，从而导致较好的渠道绩效。

其次，从渠道运作效率来看，通过构建以风险共担、利益共享和相互信任为基础的渠道联盟，在上游将企业、农户联系起来，企业可以利用自己的经济实力和市场优势，为农户提供资金、技术、市场信息等方面的支持，这样，一方面保证了加工厂的货源，另一方面也减少了农户生产的盲目性，稳定了农户收益。在下游，通过联盟合约形式将企业、分销商联系起来，企业利用自己的网络优势和协调整合能力，可以进行市场化运作，保证了农产品分销效率的提高。

总之，促进农产品渠道成员间通过同业或异业合作，构建农产品渠道联盟，使农户、企业、经销商以及其他渠道成员找到一个可以长期分工合作的伙伴，以降低交易成本、实现信息共享、保证成员收益、稳定渠道关系、提高渠道竞争力，这是我国农产品渠道发展的现实需要和必然选择。

二 构建农产品营销渠道联盟的优势

农产品渠道联盟作为一种具有"战略合作关系"的分销网络利益共同体，是渠道成员实现资源互补、减少投资成本、分享市场信息、降低经营风险、创新经营方式、增强组织化程度的一种战略选择，构建农产品渠道联盟可以使处于联盟网络中的成员获得极大优势。

（一）专注核心优势，增强渠道竞争力

渠道联盟的建立可以使各渠道成员将其有限的人力、物力资源专注于自身优势上，在减少渠道建设投资的同时，获得自身核心能力极大提升。而渠道成员自身核心能力的提升会使渠道成员和整体渠道在满足客户、达到渠道目标等方面拥有的与竞争对手相抗衡或超越竞争对手的能力，并形成较大的难以模仿性，增强渠道竞争力。

（二）分享市场信息，降低经营风险

有价值的市场信息和客户信息是渠道成功运作的必要保障，农户、龙头企业、批发商、零售商以及各渠道主体之间建立联盟可以实现双方信息共享、物流合作和服务的无缝衔接，最终形成由消费者需求为导向的高效、现代流通模式。一方面，农产品渠道联盟通过信息传播，使成员能够共享知识，增强彼此间的沟通，从而提高运行的效率。另一方面，通过与外界的信息交换，推动渠道成员更好地适应外部环境，促使其在充满风险和不确定性的环境中提高生存能力。因此，建立以现代信息技术为基础的农产品渠道联盟，将会打破传统渠道模式中的时间障碍、地理障碍、成本

障碍和结构障碍①，有利于成员间的沟通交流，保证信息和知识快速、敏捷、有效地在渠道中传递、扩散和整合，进而提高渠道运行效率。

同时，渠道联盟通过共享市场信息，能够大大降低经营风险。农产品渠道联盟是一种超越市场和科层组织的"中间组织模式"，它既能减少机会主义带来的违约风险②，也能够降低原来由于渠道成员间信息不共享带来的市场风险。

（三）实现协同效应，创新经营方式

第一，通过实施农产品渠道联盟，能够整合农产品渠道成员的优势资源和核心价值，使农户、企业和分销商实现优势互补，取得"1+1>2"的协同效应。

第二，通过联盟整合农户、企业和分销商及相关专业团队力量，可推动农产品全面商业化经营，促使农业产业迈向企业化经营形态，创新农产品经营方式（陈阿兴、岳中刚，2003）。

（四）培育渠道主体，增强组织化程度

我国农产品流通的突出问题之一是流通主体规模小、组织化程度低。这种低组织化程度在农户、龙头企业和分销商身上都有所体现，且以农户组织化程度低最为明显。构建农产品渠道联盟，可以使农户、龙头企业、经销商专注核心优势，并通过信息共享，协同运作提高其经营能力和水平，增强组织化程度。

首先，农户间通过组建"农户生产联盟"或"农民专业合作组织"，可实现共同购买、共同种植、共同销售，产生规模效应，有利于增强其规模与实力。

其次，龙头企业间通过跨地区、跨行业、跨所有制的横向或纵向联合，可实现渠道业务的重组，这有利于扩大龙头企业的市场覆盖面和业务范围，增大其规模和组织化程度。

最后，大型农产品经销商通过采用参股、合资等方式的联盟，可实现其规模扩张，成为拥有自主品牌、竞争能力强、带动作用强的大型农产品

---

① 我国农产品渠道的结构障碍主要表现为渠道环节多、流通链条长，通过构建农产品渠道联盟使农产品流通的中间环节分布在一个联盟体中，流通过程表现为整体化、无缝化，有利于降低甚至消除传统渠道模式中渠道环节多、流通链条长的结构性障碍。

② 由于我国农产品渠道中成员双方地位不对等、信息不对称等原因导致农产品渠道成员在交易过程中易发生道德风险和逆向选择，导致大量违约现象的产生（蔡文著、刘华，2010）。

分销集团。

第四节 构建农产品营销渠道联盟的可行性和必要条件

一 构建农产品营销渠道联盟的可行性

（一）渠道成员不同的资源优势为联盟构建提供了资源条件

构建农产品渠道联盟最基本的考虑，首先是通过联盟获得哪些资源，其次是本身有什么资源可以跟对方交换。对于农户、龙头企业和经销商而言，都拥有进行农产品渠道联盟的资源条件。农户拥有土地、土地承包经营权、劳力及家庭经营方式和农产品，龙头企业和经销商拥有资金、生产设施（包括建筑物、集货场等）、分销渠道、市场信息、技术、专利、品牌、企业形象等有形或无形资源。这种不同的资源优势为构建农产品渠道联盟提供了基本的资源条件。

农户、龙头企业和经销商通过构建渠道联盟，可以使农户更好地发挥土地和庭院资源优势、产品生产优势；龙头企业则可更好地发挥初加工优势、规模经济优势；经销商则能更好地发挥其市场开拓优势，进而更广泛地满足市场需求。

（二）国家积极的产业政策为联盟构建提供了政策保障

自 2004 年以来，国务院、财政部、商务部等相继出台了一系列支持搞活农产品流通的政策措施，为构建农产品渠道联盟提供了政策保障。

2004 年，商务部等部门出台的《关于进一步做好农村商品流通工作的意见》指出：有条件的超市和便利店可直接从产地采购，与农产品生产基地建立长期的产销联盟；积极发展农资连锁经营，建立以集中采购、统一配送为核心的新型营销体系；鼓励有条件的农资企业采取特许经营方式，吸收小型农资经营企业加盟，扩大经营规模；鼓励各类投资主体通过新建、兼并、联合等方式参与农资经营；鼓励农业生产大户、运销大户注册为企业法人，从事农产品运销，支持发展农村流通合作组织。

2008 年，国务院出台的《国务院办公厅关于搞活流通扩大消费的意见》指出：强化农村商品配送中心的商品采购、储存、加工、编配、调运、信息等功能，增加统一配送的商品品种，降低经营成本；推进"万村千乡"网络与供销、邮政、电信等网络的结合，提高农家店的综合服务功能；积极推动"农超对接"，支持大型连锁超市、农产品流通企业与农产品专业合作社建立农产品直接采购基地，培育自有品牌，促进产销衔接；支持流通企业通过股权置换、资产收购等方式，实现跨区域兼并重组，做大做强，尽快形成若干家有较强竞争力的大型流通企业和企业集团。

2009年，商务部、财政部出台的《关于加快农产品流通网络建设推进"双百市场工程"的通知》指出：2009年，在农产品重点销区和产区，支持建设和改造200家大型鲜活农产品批发市场，引导市场与基地和农户建立紧密联系，提升市场服务水平。2009年6月20日，商务部、财政部、农业部下发的《关于做好农产品"农超对接"试点工作的通知》指出，要积极推进大型连锁超市、农产品流通企业直接与鲜活农产品产地的农民专业合作社对接（"农超对接"）。

以上积极的产业政策为构建农产品渠道联盟提供了政策保障和积极的外部环境。

（三）信息技术的发展和应用为联盟构建提供了技术支持

网络、电子商务等信息技术为构建农产品渠道联盟奠定了良好的信息互动化基础，使渠道成员间有了通畅的沟通渠道，能够进一步巩固成员间的合作关系，并有效降低联盟运作成本和风险。借助于信息、网络系统，不仅可以在搜寻和筛选联盟成员方面大量节省人力、物力资源，提高联盟的组建效率，还可以更方便、快捷地共享信息，在相互交流的基础上加深了解和建立信任，进而提高联盟的运作效率（夏礼斌，2006）。

二　构建农产品营销渠道联盟的必要条件

农产品渠道联盟作为农产品渠道成员间一种新的合作方式、经营策略和资源配置机制，其实施与推行又是有条件的[①]，具有具备条件，联盟才能得以组建，其整合渠道资源、降低经营风险、增强主体组织化程度等优势才能得以充分发挥。笔者认为，构建农产品联盟须具备以下条件：

（一）联盟要有明确的目标和行动计划

农产品渠道联盟必须以明确的目标[②]和行动计划作为联盟成员共同努

[①] 牛保全（2008）认为，一个合适的渠道联盟必须同时满足三个条件：一方有非凡的需求；另一方有满足需要的能力；双方都面临着退出关系的壁垒。

[②] 这里的目标一般指长期目标，因为短期目标很难具有一致性，而长期目标则能分散成员间的短期利益纷争，使行为趋向一致。

力的方向和行动指南。明确的目标才能使各方在联盟的实际的运作过程中相互配合、相互理解,达成共识,使得联盟沿着合作而不是冲突的方面演进,从而有效抑制不合作行为的产生。因此,在构建农产品渠道联盟之前,联盟成员间必须进行充分接触与沟通,共同探讨和确定联盟未来发展方向,明确发展目标。但这个目标的制定需以"通过联盟才可以实现而单一成员无法达到"为原则。在确定了目标之后,联盟还必须制定一套为实现目标的行动计划,包括实现目标的步骤和时间表等,为联盟日常运作提供行动指南。

(二) 联盟成员间要有组织相容性

当相互合作的成员间在战略导向、企业文化和管理机制等方面存在较大的差异时,不利于联盟合作关系的建立(Smith and Barclay, 1997)。因此,构建农产品渠道联盟,需要以联盟成员间有组织相容性为条件,这就要求核心企业要根据成员声誉、实力、文化的相容性、战略、目标市场的匹配性、合作领域内的互补性以及以往合作经验等,选择具有共同或相似价值观的联盟成员,以增进合作,减少冲突。

(三) 联盟成员间要有相互信任性

信任是联盟的基础,信任是对另一方诚信及其对自己的利益的真正兴趣的信心(牛保全, 2008)。Carolyn Y. Nicholson、Larry D. Compeau 和 Rajesh Sethi (2001) 曾指出,组织关系中建立信任对建立长期渠道关系是十分有益的。渠道联盟作为一种长期渠道关系,同样也是以各方相互信任为条件的,信任可以被看作优于机会主义行为的一种意愿,组织间的信任可以增强合作成员之间的绩效、降低交易成本、减少冲突,从而为联盟的长久生存和成员的共同发展打下坚实的基础。

(四) 联盟成员间的利益分配要公平、科学、合理

联盟利益分配的公平、科学、合理是维系农产品渠道联盟的根本条件,也是提高协作效率的前提。如果利益分配公平、科学、合理,就会使现有成员间彼此更加信任,合作关系将得到巩固和加强;反之,则会损害成员间的合作关系,影响渠道联盟的整体效率和绩效,甚至会导致联盟解体。因此,建立公平、科学、合理利益分配机制是维持和巩固联盟关系的根本保证,是联盟运作的根本制度条件。

(五) 联盟成员间要有一定程度的对称性依赖

所谓对称性依赖是指合作双方实力相当,彼此离开都意味着有较大的

损失。研究表明，合作双方的对称性依赖有助于建立长期的战略合作关系。这就要求核心企业一定要选择地位、实力相当的渠道成员作为联盟伙伴，不至于形成过大的差距，为建立长期、高效的战略合作关系奠定基础。

第五节 农产品营销渠道联盟主体的界定

构建农产品渠道联盟，联盟主体的界定是基础问题，联盟主体的界定是以农产品渠道主体为基础的。因此，在界定农产品渠道联盟主体之前，有必要先梳理一下我国农产品渠道主体。

一 我国农产品营销渠道主体

农产品渠道主体是指参与农产品从生产者到消费者转移过程的企业和个人（郭崇义、庞毅，2010），可分为生产环节渠道主体、加工环节渠道主体和流通环节渠道主体三大类。

（一）生产环节渠道主体

生产环节的渠道主体是指从事初级农产品生产的个人和组织。它是农产品渠道过程的起点，是农产品渠道系统中最基本的单元。我国的农产品生产环节渠道主体主要包括农户和农民专业合作社。

农户：是农产品渠道主体的最基本单元，是我国农业的主力军，但我国农户普遍具有规模小、实力弱、资源有限、生产技术含量低、分散无组织性、风险承担能力弱等特点，在农产品流通中的地位较低。

农民专业合作社：是在农村家庭承包经营基础上，同类农产品的生产经营者或者同类农业生产经营服务的提供者、利用者，在自愿联合、民主管理的基础上组建的互助性经济组织（《中华人民共和国农民专业合作社法》，2007）。农民专业合作社以其成员为主要服务对象，提供农业生产资料的购买，农产品的销售、加工、运输、贮藏以及与农业生产经营有关的技术、信息等服务。农民专业合作社在组织农产品的生产与营销、提高农产品销售能力、增加农民收入等方面，发挥了重要的作用。

（二）加工环节渠道主体

加工环节渠道主体是指从事初级农产品加工的农产品加工企业，它通过对初级农产品的加工处理，提高农产品的附加值，更好地满足了消费者需要，农产品加工企业在农产品流通渠道中占据着重要地位。

（三）流通环节渠道主体

流通环节的渠道主体是指从事农产品销售和分销的企业或组织。主要包括农产品营销企业、农产品批发商、零售商等。它们在我国农产品流通渠道中占据着核心地位。

农产品营销企业：是相对于农产品加工企业而言的，它的主要功能并非在加工环节，而是在下游的流通环节，主要从事产品销售、渠道开发、营销推广等市场开拓工作。它主要包括一些农产品经销公司，农产品营销集团（比如中百集团股份有限公司）等。农产品营销企业是沟通农产品生产与消费的桥梁与纽带，它具有市场信息、网络覆盖、物流配送等功能，是解决我国农产品卖难的关键环节。

农产品批发商：是指一切不直接服务于最终消费者，只是实现商品在空间、时间上的转移，从而达到再销售目的的中间机构或个人。它主要功能是采购、批发、储存、物流、安全检查等，具有交易数量大、市场覆盖面广等特征。

农产品零售商：是指一切向最终消费者直接提供生鲜或加工农产品，使之用于个人生活消费和非商业性用途的，并以从事零售业务为主要经济来源的组织和个人。它主要包括个体商贩及各种业态的零售企业（如超市[①]、食品服务机构[②]）等。

二 我国农产品营销渠道联盟主体界定

农产品渠道联盟主体是指"有条件"[③]参与农产品渠道联盟过程的企业或组织。根据渠道成员在农产品渠道中所处位置，渠道联盟主体也可分为生产环节联盟主体、加工环节联盟主体、流通环节联盟主体三个部分。这些成员在致力于相互信任和共同长远目标的基础上，通过一定的联结模式，构成农产品渠道联盟网络。

根据价值链理论，我们可把这个联盟网络划分为上下两个环节，上游

---

① 经营农产品的超市主要有：超级市场、大型超市、生鲜超市、仓储商店、便利店、社区菜店等几种类型。

② 食品服务机构指提供食品服务的机构，如餐饮店、旅馆、娱乐场所、社会机构的后勤部门（学校、医院、工厂）、军队等。这些食品服务机构从批发市场、农贸市场、专门基地采购农产品，经过加工后销售给消费者或机构人员（郭崇义、庞毅，2010）。

③ 这里的"有条件"主要指联盟主体要有一定的规模、实力、较强的渠道整合能力和良好的商业信誉等。

环节是"农户+核心企业①",我们把它称为"生产—流通"环节,由于农户的存在,因此,该环节最能体现农产品渠道的特点,是农产品渠道联盟问题研究的核心;下游环节是"核心企业+分销商+消费者",我们把它称为"流通—消费"环节,也是农产品渠道联盟研究的重要组成部分。

但鉴于下游"流通—消费"环节的渠道联盟与工业品类似,同时考虑我国农产品流通面临的主要问题是"小农户"与"大市场"之间的矛盾。因此,本书对农产品渠道联盟的研究将重点关注:农户及与其发生直接联系的农产品渠道组织(合作社、农产品加工、营销企业、批发商、超市等)之间的关系上(张闯,2005),其联盟主体界定为农民主体(主要是农产品生产大户②)、中介主体(合作社③)、企业主体(农产品加工企业、农产品营销企业、批发商、超市),这是本研究的基本出发点。

第六节 农产品营销渠道联盟的理论基础

开展对农产品渠道联盟的研究需要以交易成本理论、核心能力理论、资源依赖理论、价值链理论、供应链联盟理论、网络组织理论为理论基础。

一 交易成本理论

交易成本(Transaction Costs)理论认为,首先,建立联盟通过增强合作成员间的信息共享,减少了因交易主体的"有限理性"而导致的各种交易成本。其次,建立联盟可以稳定交易关系,有效降低一般交易关系中常常出现的道德风险(Moral Hazard)和逆向选择(Adverse Selection)问题。

---

① 这里的核心企业包括专业合作社、农产品加工企业、农产品营销企业、农产品批发商、零售商(主要是超市)等。

② 构建农产品渠道联盟讲联盟双方的"近似对等性",也就是说,只有联盟双方在资源、规模、实力、风险承担等方面具有大体相当的对等性,联盟才可能成功组建并稳定运行。而我国农产品渠道上游的重要主体"农户"普遍规模小、实力弱、资源有限、生产技术含量低、分散无组织性、风险承担能力弱,和下游联盟主体——企业——相比不具有"对等性"。因此,从构建联盟可行性方面考虑,本书认为,我国农产品渠道上游主体应该是"大户"。孟枫平(2004)也用沙普利值证明了龙头企业倾向于与大农户合作,并且这种合作关系非常稳固。

③ 因为小农户不能成为农产品渠道联盟主体,所以小农户需加入合作社,以合作社的身份参与渠道联盟,而合作社不仅可以吸收大农户,还可以吸收实力稍弱但有潜力的小农户。

渠道联盟作为处于市场和科层之间的网络组织模式，其建立过程就是交易成本的节约过程，在一定程度上能够解决市场和科层组织不易解决的问题。

农产品流通渠道成员间通过建立联盟，不仅能够有效利用"组织"和"市场"，节约交易成本，还可以在不扩大自身规模情况下，拓展活动边界，提高渠道资源的利用效率，增强渠道绩效。

二　核心能力理论

企业核心能力理论强调企业"特有能力"的重要性，这种特有能力的特征表现为稀缺性、可延展性、价值性和难以模仿性。

核心能力理论为阐释农产品渠道成员的联盟行为提供了理论依据。农产品渠道联盟所以形成，是因为参与联盟构建的渠道成员具有某一方面的特有能力（比如，农户集中于按要求生产，龙头企业集中于产品加工和品牌建设，分销商集中于网络覆盖），而这些特有能力对参与合作的其他成员的需求又是最匹配的，在行使和完成渠道业务时也是最有效率，渠道联盟成员彼此间核心能力的异质性和独特性，使他们在开拓新市场过程中，彼此需要对方互异的核心能力，以形成强大的合力，这促使双方建立联盟合作关系，聚合彼此的核心能力。

三　资源依赖理论

资源依赖理论的核心假设是没有组织资源是自给的，组织需要通过获取环境中的资源来维持生存。在资源有限情况下，组织为了取得生存所需要且又被外部所控制的资源，组织间的互动联结成为一种选择。

资源依赖理论强调组织间的关系和组织的主动性。一方面，资源依赖理论认为组织更应该被视为一种"联结"。比如组织会通过垂直整合来消除对其他组织的依赖；或通过水平扩展，以消除竞争中的不确定性。另一方面，资源依赖理论强调组织可通过操纵、控制或联合其他组织来维持自身独立。

资源依赖理论认为，联盟可以降低环境的不确定性，当组织所需资源无法从内部取得时，通过与环境中拥有相关资源的组织进行"联结"，可以调整对环境的依赖程度，这正是联盟形成的主要动机。

四　价值链理论

价值链理论认为，价值链上的成员在各自所处环节上展开"互补合作"，可促进价值链和各自竞争力的提高，进而创造出整个价值链的更大价值，这是建立联盟的原动力。

价值链理论强调价值链上的战略环节，而非战略环节的许多活动则完全可以通过战略联盟"虚拟化"，从而获取专业化经济效果、协同协应和"净竞争优势"（企业通过联盟使共享收益超出其中的共享成本时，即获取所谓的"净竞争优势"）。价值链理论所强调的"互补合作"、"战略环节"、"协同效应"为组织间组建联盟给出了科学解释。

五　供应链联盟理论

20 世纪 90 年代以来，随着企业面临的内外部产业环境的巨大变化，一种新型的企业组织形式供应链联盟蓬勃兴起，它被视为未来企业组织形式发展演变的主流趋向。

供应链联盟是供应链管理思想与战略联盟管理思想的融合。一般认为，供应链联盟是指供应链上的两个或多个企业之间基于相互依赖的背景，为了实现供应链的共同战略目标，通过各种协议、契约而结成的优势互补、风险共担的网络组织。供应链联盟的主体是由核心企业和节点企业组成，节点企业在核心企业主导下，通过信息驱动和职能分工实现合作，进而使整个供应链不断增值。它包括资源补缺型、市场营销型、联合研制型、对等占有型、协议契约型、内化制联盟、分包制联盟、横向联盟、纵向联盟等形式。

构建供应链联盟，使供应链上每一个企业都集中精力巩固和发展自己的核心竞争力和核心业务，对减小供应链上不确定因素、降低经营风险和供应链成本、提高响应速度和效率进而提高供应链上企业竞争力具有重要作用。但它的成功运作需要核心企业有强有力的核心能力，成员彼此信任以支持广泛的、先进的信息技术平台为基础。

六　网络组织理论

网络组织理论认为，网络组织是一种介于企业与市场之间的一种制度安排（夏春玉等，2006）。网络组织具有以下性质和特点：第一，网络组织是介于企业与市场之间的一种制度安排。第二，网络组织是一个开放系统。第三，网络组织成员间具有资源互补性。第四，网络组织成员间依靠正式合约和隐性合约（关系）进行调节。第五，网络是成员间形成的一种长期性战略关系。

网络的这些特性，提供了比企业等级组织更为广阔的学习界面，使创新可以在多个层面上、多个环节中发生，同时它可以降低其成员之间的交易成本，使各成员都能同时获得外部规模经济、外部范围经济和网络经济三种效应，从而使网络成为当前复杂多变的经济环境中蓬勃发展的新组织形式。联盟作为一种介于企业与市场之间的一种制度安排，实际上也是一种网络组织（Thorelli，1986；Gulati，1998），是一种关系导向型的网络组织，通过这种网络组织，使成员紧密地结合在一起，借此实现资源共享，降低经营风险，提高合作收益。

总之，交易费用理论让我们认识到联盟的构建过程就是交易成本的节约过程。企业核心能力理论告诉我们这些相关的企业实体是具有不同核心竞争能力的载体。资源依赖理论强调，在资源有限情况下，这些具有不同的核心竞争能力的载体就需要通过与外部中握有相关资源的企业进行合作与交换，以取得所需资源。价值链理论认为，企业通过联盟可以组成一条能够创造无限价值的流程，最终实现价值的增值。供应链联盟强调供应链上的企业要拥有互补的资产和技术，在各自的优势领域贡献自己的核心能力，并通过合作最大限度地实现信息交换、风险共担和利益共享，其成功运作需要以核心企业有强有力的核心能力，彼此相互信任以及支持广泛的、先进的信息技术平台等为基础。网络组织理论认为，网络是一种长期性战略关系（Strategic Relationship），而联盟本质上网络组织。

上述理论为认识和深入研究农产品渠道联盟提供了坚实的理论基础，因此，从本质上讲，农产品渠道联盟就是具有不同的核心竞争能力的渠道成员（农户、企业、经销商等）在资源有限的情况下，以互相信任、资源共享、风险共担、收益共享为合作基础，通过一定的关系（契约）长期、稳定地连接起来，构建出一种相互依赖的价值网络，以实现单个组织无法实现的渠道收益。

本章小结

本章在有关渠道联盟研究基础上，重点介绍了农产品渠道联盟的内涵、特征、分类，构建农产品渠道联盟的必要性、可行性、优势、条件及联盟主体界定，并总结了农产品渠道联盟的相关理论基础。

农产品渠道联盟是指农产品渠道链条中和渠道间一些相互独立的渠道成员在致力于相互信任和共同长远目标基础上，通过横向或纵向联合、协议或股权联结而组建的一种具有"战略合作关系"的分销网络利益共同体。它的特点表现在：联盟体内部有一个核心企业；联盟主体间有较高的专业化分工；联盟是一个具有动态性、开放性、松散性、灵活性的网络组织；联盟是打造具有"大流通、大市场、大集团"特征的农产品流通格局的重要手段。农产品渠道联盟的组织模式包括纵向联盟和横向联盟，其结构模式包括股权式联盟和契约式联盟。从世界发达国家农产品流通渠道实践和我国农产品流通渠道发展现实看，构建农产品渠道联盟是必然选择和必然趋势。构建农产品渠道联盟可以使处于联盟网络中的渠道成员获得减少投资成本、分享市场信息、降低经营风险、创新经营方式、增强组织化程度等优势。同时，渠道成员不同的资源优势，国家积极的产业政策，信息技术的发展和应用为渠道联盟的构建提供了资源条件、政策保障和技术支持，但构建农产品联盟须以联盟有明确的目标和行动计划、成员间有组织相容性、相互信任性、利益分配公平性和对称性依赖性为条件。鉴于下游"流通—消费"环节的渠道联盟与工业品类似，同时考虑到我国农产品流通面临的主要问题是"小农户"与"大市场"之间的矛盾，本书把农产品渠道联盟的研究重点放在了农户及与其发生直接联系的农产品渠道组织之间的关系上，其联盟主体包括农民主体、中介主体和企业主体三个方面。开展对农产品渠道联盟的研究需要以交易成本理论、核心能力理论、资源依赖理论、价值链理论、供应链联盟理论、网络组织理论为基础。

第三章 农产品营销渠道联盟组织模式选择

第一节 营销渠道联盟模式内涵

农产品渠道联盟效率取决于联盟成员间的有效衔接，农产品渠道联盟是在市场机制下由农民主体（农户）、中介主体（合作社）、企业主体（龙头企业）、分销主体（经销商）形成的具有"战略合作关系"的分销网络利益共同体，其实质是共生、协同、增值、共赢，农产品渠道联盟要求必须有一个核心企业作为联盟组织者和管理者（盟主）并把农产品的生产、流通联结起来。然而，核心企业以何种"联盟模式"组建联盟就成为构建农产品渠道联盟的关键，这是把联盟思想应用到农产品营销渠道领域亟待解决的问题。

何谓渠道联盟模式，目前尚无明确的定义，大多数研究是将其与联盟形式或联盟方式联系起来。联盟形式主要指纵向联盟和横向联盟，也称为联盟组织模式；联盟方式主要指股权式联盟和契约式联盟，也称为联盟结构模式。笔者认为，渠道联盟模式是联盟形式和联盟方式的综合，它包含联盟组织模式和联盟结构模式。

联盟组织模式选择即从价值链视角研究横向联盟和纵向联盟的选择问题。Yoshino 和 Rangan（1995）认为，联盟既包含纵向联盟（比如产销联盟），也包含横向联盟（同业非竞争性联盟、同业竞争性联盟、异业联盟）。马林、沈祖志（2004）认为，联盟是一种纵向与横向一体化的综合形式。因此，本章所论及的联盟组织模式既包括纵向联盟，也包括横向联盟，构建"农产品渠道纵横联盟网络"。

第二节 农产品营销渠道联盟组织模式构建

农产品渠道联盟作为一种"中间型组织模式",其运作需要在核心企业主导下进行。核心企业通过充当联盟的"盟主"把其他"卫星成员"吸引在其周围构成一个网链型的联盟体,联盟运行的好坏以及整体竞争力的大小,在很大程度上取决于核心企业渠道整合能力。

一般来说,渠道联盟的核心企业选择有以生产商为核心、以批发商为核心和以零售商为核心三种方式。而我国传统的农产品渠道上主要存在着由合作社、批发商、龙头企业和零售商(主要是超市)组成的多元渠道主体,这几种渠道主体在农产品流通中都起着非常重要的作用,均可能成为农产品渠道联盟的核心企业。

根据我国农产品流通现实,农产品渠道联盟组织模式可考虑从资源优势的角度发挥上述渠道主体(合作社、龙头企业、批发商、超市)的核心作用从纵横两方面进行,构建"农产品渠道纵横联盟网"。农产品渠道联盟组织模式应涵盖生产、加工、流通三方面的内容。

一 合作社主导下的营销渠道联盟组织模式

(一)联盟模式选择的依据

从必要性来看,首先,分散的小农生产需要整合。相对于欧美等发达国家而言,我国农户长期处于小规模、分散化状态,一方面导致生产商具有较大的盲目性、低效性,无力参与农产品流通的其他增值环节;另一方面,由于农户之间协作少,导致农户谈判力量弱,单个农户在市场交易中往往处于不利地位。在此情况下,联合就成为提高话语权和交易能力的必然选择。其次,渠道关系稳定性需要维系。我国农产品流通渠道的现实状况之一是"权力不平衡"和"关系不稳定"。即渠道权力严重向企业倾斜,农户谈判能力弱,利益得不到保障,由于"权力不平衡",导致"关系不稳定"。而解决这个问题的关键之一是把农户联合起来,成立合作社,并以合作社的力量来平衡渠道权力,以维系关系的稳定性。

从可行性来看,首先,世界农业发达国家提供了可借鉴模式。在发达国家,农民专业合作社或由其兴办的农产品加工流通企业和批发市场是其农产品流通渠道的主体。美国近1/3农场主通过合作社出售谷物，合作社控制了国内粮食市场的60%份额，并提供了全国出口谷物总量40%的粮源。发达国家的合作社在流通中越来越强的主导力量提高了农民的谈判力，形成了规模效益，降低了交易成本，极大地保障了农民利益。其次，我国农民专业合作社得到了极大发展。根据农业部统计，截至2009年12月，全国农民专业合作社达到24.64万家，比2008年增长一倍多，实有入社农户2100万户，占全国农户总数的8.2%。农民专业合作社涉及种植、畜牧、农机、水产等各业，在提高农民组织化程度、搞活农产品流通方面发挥了重要作用，农民专业合作已成为联结农民和市场的一支重要流通主体。

（二）该联盟模式的内涵

以合作社为核心的农产品渠道联盟组织模式就是在整个渠道链条中，由合作社发挥渠道主体功能并对整条渠道链进行整合。具体模式如图3-1所示。

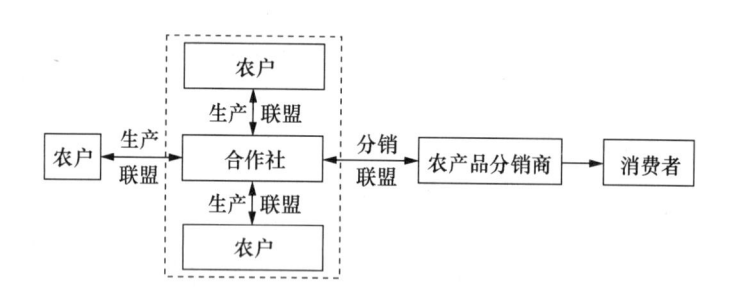

图3-1 合作社主导下的农产品渠道联盟组织模式

这种渠道联盟的核心是以合作社为中心在前端与农户组建生产联盟（横向联盟），在后端与农产品分销商组建分销联盟（纵向联盟），通过纵横联合实现渠道协同运转，提高流通效率。

（1）生产联盟。组建农户生产联盟的目的是完成对农户的整合，以集体力量代表单个农户与其他成员谈判、交易，使农户真正分享后继流通带来的利润。实质上属于横向渠道联盟（见图3-2）。比如，蔬菜联盟、水果联盟、谷物联盟、西瓜联盟等。但是，由于农户的分散性和弱组织性，这种联盟的组建应在合作社指导下，遵循积极引导、操作透明，农户自愿的原则进行。

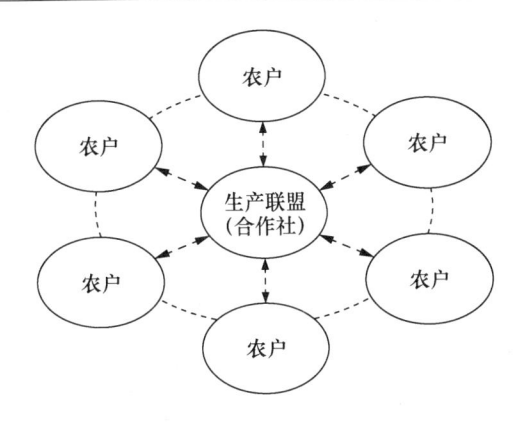

图 3-2　农户生产联盟

（2）分销联盟。组建分销联盟的目的是通过发挥合作社的流通主体作用，实现与下游渠道成员的有效衔接，以达到优化渠道链条、强化渠道流程整合、促使整个农产品流通环节高效协同运转、畅通有序，进而提高农产品流通效率。

考虑目前我国大多数合作社规模小、实力弱，主要业务是在生产领域，合作社的流通主体地位严重缺失这一现状，构建以合作社为核心的分销联盟可考虑如下具体模式：

第一，基于合作社联合体的农产品渠道联盟组织模式。该模式的核心是建立"合作社联合体"，横向整合渠道资源，即在合作社有了一定发展基础上，同类型或不同类型的合作社通过突破地区、部门局限，走大合作之路，在联合基础上发展各类专业合作社联盟，建立具有社团法人资格的"合作社联合体"[1]，横向整合渠道资源（见图3-3）。通过合作社联合体形式与批发商、零售商等下游渠道成员进行合作，能够扭转合作社的弱势地位，有利于联盟关系的稳定，对农户的利益也能够起到较强的保护作用。

第二，基于合作社联合控股企业的农产品渠道联盟组织模式。该模式的核心是建立"合作社联合控股企业"，纵向整合渠道资源。所谓"合作社联合控股企业"是指处于农产品渠道链中并由合作社（或联合体）控

---

[1] 这类"合作社联合体"在实际实践中可采用两种模式：一是区域性合作社联合体。即在一定区域范围内，由各类农业合作社联合组建的区域性合作社联盟。二是全国性合作社联合体。是由区域性合作社联合体联合组建的全国合作社联盟。

股的龙头企业。这个龙头企业是发挥合作社流通主体功能的载体，因为，没有这个载体的合作社，只能是一个大而弱的群体。面对日趋激烈的市场竞争，合作社如果没有与之建立长期稳定协作关系的龙头企业作支撑，根本不可能夺取市场的竞争优势，农民也就不可能通过这个组织获取更多的利益。

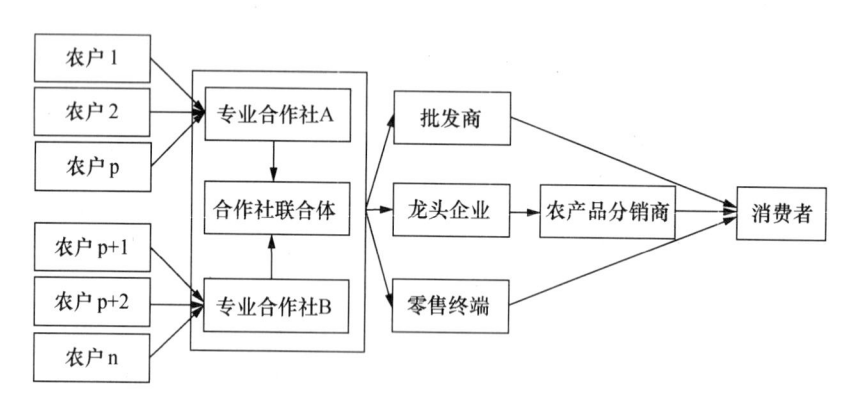

图 3-3　基于合作社联合体的农产品渠道联盟组织模式

鉴于我国合作社规模小、资金和技术实力弱的现状，合作社（具有法人地位）可通过土地经营权抵押方式向金融机构获得贷款或者通过流通渠道下游成员注资等方式获得创业资金，组建"合作社联合控股企业"（见图3-4）。通过这种方式把农户、合作社和下游渠道成员联结在了一起，结成了利益共同体，也能最大限度地发挥其融资、加工、流通等职能。

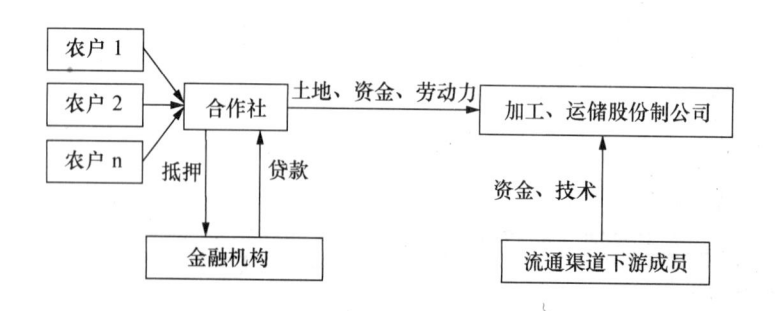

图 3-4　基于合作社联合控股企业的农产品渠道联盟组织模式

很多国际知名大型农产品龙头企业都是由合作社兴办的。如芬兰最大的乳制品公司维利奥公司，就是由 28 个牛奶合作社联合组建的（代表全芬兰15200个奶牛场),企业经营管理层由合作社聘任,以公司化方式运作,既为合作社成员服务,也在全国甚至全球范围内采购产品,其盈利返给合作社分红。这种把合作社制度与股份公司制度结合在一起的企业组织形式,已取得了明显成效。再如,四川省蒲江县复兴乡猕猴桃产业发展模式就是通过组织农民成立土地合作社,合作社与四川中新农业科技有限公司共同出资组建股份制合作公司,共同进行猕猴桃产、加、销一体化经营,最终实现农民与企业的长远利益共享,解决农民增收的长效机制问题。

(三)联盟模式的形成条件

(1)合作社本身要有产业基础,能够按照市场化运作,有相应的龙头企业作支撑。首先,合作社要选准一个产业,这个产业既要有市场发展潜力,又要有一定的生产基础和社会认知度,必须与当地的主导产业和特色产业相衔接。其次,合作社要按照市场化运作,要找准所有参与合作社的成员的利益联结点,只有保证了各方的利益,合作才能成功,发展才能长久。最后,合作社要积极培育相应的龙头企业,合作社通过培育龙头企业,能够增强其与下游渠道成员的紧密关系,这不仅有助于农户利益的提高,而且有助于整条渠道效率的提高。

(2)合作社本身要有较大规模、较强的影响力和组织能力以及较为完善的内部治理机制。首先,以合作社为中心组建渠道联盟,合作社应具备《农民专业合作社法》规定的设立和登记条件,并有较大的规模,没有较大的规模,合作社很难发挥其渠道联盟核心并实现稳定渠道关系作用。其次,合作社要有较强的影响力和组织能力。合作社要积极培育自己的自有品牌,通过品牌建设扩大影响,形成区域优势,以整合流通;合作社要有强有力的领导能把一家一户的生产管理起来,建立利益共同体;合作社不但要有组织收购、代理、销售的能力,还要有沟通上、下游,介入各级市场的能力,只有如此,合作社才能在渠道联盟中起到核心带动的作用。最后,合作社内部要有较为完善的治理机制。要把法人治理结构作为农民专业合作社的发展方向,这是合作社自身长久发展的重要保证。

(3)要加强政策扶持。首先,政府应对农业合作社在财政、税收、资金融通等方面给予优惠。对合作社兴办的农产品企业,政府要优先纳入重点龙头企业进行扶持,每年从各级财政支农专项资金中专门安排部分资金，用于合作社企业的贷款贴息。政府还应设立农民合作组织发展的专项基金，列入每年财政预算。在税收方面，政府应从支持农业、扶持农民出发，制定农业合作社减免税办法，对向流通领域伸展，组建加工、运储股份制公司的合作社给予更多优惠。同时，金融部门应该在资金方面放宽对农民专业合作社的贷款条件，鼓励农民以土地抵押方式进行贷款。其次，政府各相关职能部门要密切配合，为农业合作社发展营造良好的氛围。做到扶持而不干预，引导而不强迫，参与而不包办，推动发展而不放松管理。

（四）联盟模式的特点

（1）农户实现了横向联合，力量得到了加强。首先，通过在渠道前端组建以合作社为中心的农户生产联盟，把分散的、弱小的农户组织起来进行规模化生产，提高了农民的组织化程度，这有助于提高农户的生产能力，且由于农户市场谈判地位的增强使之有能力与交易商谈判、协作。其次，通过组建"合作社联合体"，这有助于壮大合作社力量、增强其谈判力，反过来也有助于农户收益的提升。

（2）合作社承担了指导生产、渠道管理、传递信息三大渠道职能。首先，从指导生产来看，由于合作社的组建，农户有了自己的"专业生产指导团队"，这有利于农产品质量的提高，也有助于农户收入的增加。其次，从渠道管理来看，由于合作社的出现，现行渠道中随机、不稳定的关系有所改善，通过合作社与龙头企业、批发商、零售商的联盟，能够使生产、加工与流通相衔接，实现渠道管理的有序化。最后，从信息传递来看，由于合作社比农户更能够与社会信息中介建立联系，这增加了农户信息量，使其能够及时、真实、准确地获取市场信息，为决策提供依据，以减少盲目、低效生产行为。

（3）渠道关系更趋稳定。合作社通过发挥渠道管理者作用，改变了原来"公司+农户"模式中随机、松散的渠道关系，使流通渠道各环节关系更加紧密，各成员信用、信誉意识得到增强，有助于降低渠道交易成本、保持渠道关系长期稳定。

二　加工企业主导下的营销渠道联盟组织模式

（一）联盟模式的选择依据

从必要性上看，首先，通过加工企业间以联合销售、分销等形式的联盟，利用对方在市场开拓、服务网络方面的优势，组建农产品渠道联盟，可以有效缓解我国农产品流通中的地理障碍和降低销售渠道不易控制等问题，进而实现迅速整合同业实力、突出主业优势、提高自身竞争力的目的。其次，通过加工企业和下游经销商联盟，并以加工企业为核心完成对渠道资源的有效整合，有助于建立较为稳固的成员间关系，进而提高农产品流通效率。

从可行性上看，我国农产品加工企业经过多年的发展，已经具备了一定的规模、较强的产品加工能力和渠道运作的能力，并形成了良好的商业信誉，它们已成为我国农业产业化发展的核心，成为增进农产品流通渠道效率的中坚力量。因此，大型农产品加工企业可以作为农产品渠道联盟的核心企业。

(二) 联盟模式的内涵

该渠道联盟的核心是以大型加工企业为中心在前端与农户、合作社或基地组建产销联盟；在中间利用大型加工企业的农业生产技术和食品加工优势，与联盟成员加工企业组建"产品联盟"和"生产联盟"；在后端与农产品分销商组建分销联盟（见图3-5）。

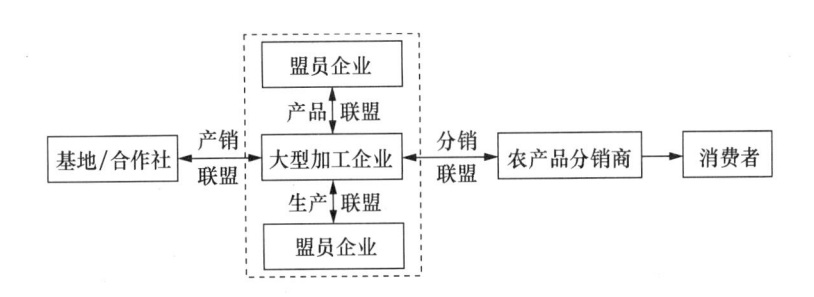

图3-5 加工企业主导下的农产品渠道联盟组织模式

大型农产品加工企业与农户、合作社或基地组建产销联盟，可实现带动作用，大型加工企业与盟员企业组建"产品联盟"和"生产联盟"，可实现资源共享、优势互补等战略目标。大型加工企业与农产品分销商组建分销联盟，可以在产生规模经济效应的同时使产品以最快的速度投放市场。

建立加工企业主导下的渠道联盟组织模式，一方面，强化了同业联盟，通过将现有的农业经营主体，结合成为联盟的伙伴关系，实现资源共享、优势互补等目标。另一方面，通过农业与其他产业间的异业联盟，使农业这个一级产业，实现了和二、三级产业的联合，为农业的快速发展提供了有效途径（王菲，2010）。这种联盟纵横模式都存在。

横向模式包括加工企业与盟员加工企业组建"产品联盟"和"生产联盟"。

（1）产品联盟。产品联盟指使生产不同售价、不同质量、不同功能、不同品种的农产品加工企业通过同业或异业联合，共同推出符合市场需要的农产品，达到减小农产品替代系数、增加互补系数、共同获取市场利润的目的（王孝莹，2006）。这种联盟通过将农产品差异增大，从而能更好地满足目标市场需求，它不但有利于企业间的资源共享、减少重复生产，而且还有利于企业开拓细分农产品市场，提高企业竞争力。

（2）生产联盟。生产联盟指农产品加工企业通过同业或异业合作在加工环节进行"代工"。其优势一方面可以使企业集中精力于自己的核心优势上，实现专业化优势；另一方面能够使企业根据消费者个性需求，提供针对消费者特定问题的"解决方案"。

纵向模式包括：加工企业和农户、合作社或基地所组建的产销联盟，以及加工企业与农产品分销商所组建的分销联盟。

（1）"加工企业＋农户（基地）/合作社"产销联盟。即农产品加工型企业与农户、基地或合作社通过契约、股份合作[①]等形式结成利益共同体，共同分享合作利润。比如"通化东宝"、"延边敖东"和长白山药材基地结成的联盟即属此类。

（2）"加工企业＋农产品分销商"分销联盟。即加工企业与零售企业、流通企业等农产品分销商以股权或契约等方式形成不同紧密度的纵向联合体，共同完成农产品销售。比如，有些农产品加工企业（甘肃饲料企业临兆博亚公司）通过输出品牌经理、营销经理的方式，与具有本土网络优势的分销企业结成基于市场资源的联盟，加工企业不进行资金投入，不分红，只收管理费用，通过对当地市场、分销商的培育和扶持，在时机成熟时，获得其便利的销售网络，以进行快速市场开拓。这种联盟可以迅速、广泛地将新产品推向市场，形成强大的销售效应。吉林"敖东集团"、"通化东宝集团"与一些大型连锁药类销售公司结成联盟，以保

---

① 如农户（合作社）可以向企业投资入股，成为企业的股东和"车间型"经营单位，企业也可以向合作社投资入股，成为后者的股东，企业与农户（合作社）之间通过实行股份合作制，互相参股，形成资产关系，结成了经济共同体。

证销售渠道的广布和畅通即属于此类。

(三) 联盟模式形成的条件

(1) 加工企业要有较大规模。具有一定规模的加工企业能够及时把握市场需求，然后传递给上游或下游成员，进而抵御市场不确定性带来的风险，实现联盟关系的稳定。为此，要大力引导有条件的大中型工商企业进入农业领域，发展大型农产品加工企业集团，进而发挥其强大的带动和辐射作用。

(2) 加工企业要有良好的声誉。有良好声誉的加工企业能使合作方充分信任，克服因信任问题导致的协作不和谐现象。良好的声誉是加工企业与其他渠道成员建立长期稳定合作关系的必要条件。

(3) 加工企业要有强大的品牌优势。构建以加工企业为主导的渠道联盟，需要以加工企业拥有知名品牌为条件。拥有知名品牌的加工企业，能够以品牌为基础，引导消费者形成独特的价值偏好，进而提高其市场份额。拥有知名品牌的加工企业还能够以品牌为支点，将上、下游的成员与加工企业连接在一起，形成长期稳定的合作伙伴关系。

(4) 加工企业要有较强的能力基础。构建以加工企业为主导的渠道联盟，要以加工企业有较强的战略整合能力、组织协调能力、渠道整合能力为基础，以更好地管理整个农产品渠道联盟的发展。

(四) 联盟模式的特点

(1) 流通绩效得以提高。加工企业以契约的方式与农户/基地/合作社联盟，起到带动作用，能够降低渠道的内部交易成本，减少农户的市场风险。加工企业与盟员企业组建"企业加工联盟体"，能够实现资源共享、成本共担、优势互补等战略目标。加工企业与下游成员通过协调渠道链上共享信息，能够降低农产品流通环节的成本，提高流通效率。

(2) 产品品质和质量安全得以保证。首先，农产品经过加工企业的规模化、标准化、专业化加工，能提高产品的技术含量和品质。其次，由于农户按企业要求生产，企业按市场需要加工，农产品在从田头到餐桌的这一过程能够在具有专业优势的加工企业控制下进行，产品的质量安全水平能够得到有效保证。

(3) 消费需求更易满足。加工企业与分销商联盟，使得产品的分销网络得以扩大，有利于满足不同消费者的消费需要；同时，联盟还使得产品销售更贴近消费者，能够快速反馈消费者需求，并能根据消费者个性化需要开展服务，保证顾客在时间、数量、品种等方面的要求。

三 营销企业主导下的营销渠道联盟组织模式

（一）联盟模式的选择依据

从必要性看，首先，农产品营销企业是沟通农产品生产与消费的桥梁与纽带。以农产品营销企业为核心构建农产品渠道联盟，把农产品流通延伸到农业生产领域，使农产品流通由单纯的运输、销售功能扩展为加工、运输、包装、储存、配送以及信息服务，实现了农产品流通高效化，这是解决我国农产品"卖难"的关键环节。其次，农产品营销企业具有市场信息、网络覆盖、物流配送等功能，以农产品营销企业为核心组建渠道联盟，有利于开拓新市场、引导农产品生产基地、农民专业合作社开展连锁经营和集中配送，不断拓展农产品销售渠道，提高农产品的流通半径和产品附加值。最后，由于营销企业只专注于农产品的营销，其以强大的品牌和网络优势能够更加顺畅地搞活流通，能够更快速、便捷地洞察市场变化，进而提高整个农产品渠道的市场反应能力。

从可行性看，以营销企业为核心的农产品渠道联盟具有良好的外部条件。为培育一批面向国内外市场的大型农产品流通企业，构建与国际市场接轨的现代农产品流通体系，促进农民增收和保障农产品流通安全，商务部已经启动了"双百市场工程"。"双百工程"主要任务之一就是着力培育100家大型农产品流通企业，即选择100家左右有实力的大型农产品流通企业，重点加强农产品配送中心建设，推动农产品流通规模化和现代化，提高农产品市场营销水平，探索和推广贸工农一体化、内外贸相结合的经营模式。"双百工程"的实施为农产品营销企业的规模化发展提供了契机，也为以营销企业为核心的农产品渠道联盟创造了良好的外部条件。

（二）联盟模式的内涵

本渠道联盟模式是指以营销型农业企业[①]（或集团）为中心在前端与

[①] 营销型农业企业是指为与"供过于求"的农产品市场格局相适应，以提高营销率为企业核心目标的、以营销力为企业核心竞争力的、以营销型管理体制为特征的、以营销型理念为企业管理理念的新型农业企业。它具有资金周转要求高、以营销理念而不是以生产理念为核心、能够独立完成农产品价值链的特征（王杜春，2007）。

农户/基地/合作社组建供销联盟，在中间通过同业或异业联盟①与农业营销企业和非农营销企业组建横向联盟，在后端与农产品分销商组建纵向分销联盟。其核心是以营销企业为中心组建流通联盟，建立广泛的农产品国内外营销通路。其主要目的是整合农产品营销企业与分销商之间（纵向）以及农产品营销企业与非农营销企业之间（横向）的流通渠道，建立快速、高效、稳定的农产品营销体系（见图3-6）。

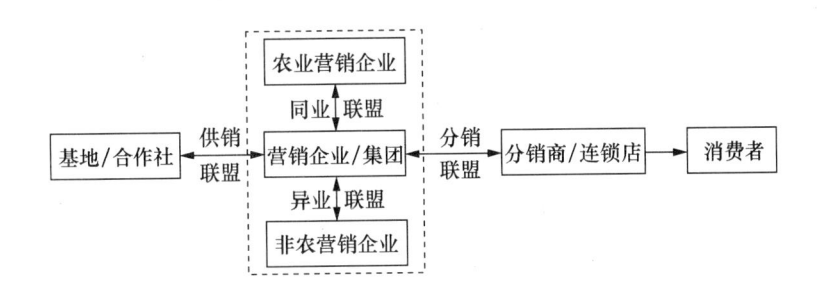

图3-6 营销企业主导下的农产品渠道联盟组织模式

（三）联盟模式的形成条件

（1）营销企业要有品牌优势。与以加工企业为主导的渠道联盟类似，本联盟模式中，营销企业也需拥有知名品牌，品牌是凝塑联盟成员的无形力量，也是提高整个联盟核心竞争力的重要法宝。

（2）营销企业要有发达的网络系统。网络系统包括终端客户系统和物流配送系统。营销企业作为渠道联盟中的核心企业，必须具有较广泛的终端客户系统，使产品能够广泛覆盖市场。另外，营销企业还要有完善的商品配送系统，它的任务主要是能将产品及时、快捷地送达消费者手中，满足消费者需要。

（四）联盟模式的特点

（1）流通速度快。通过农产品营销企业及其配送中心，可实现农产

---

① 异业联盟主要是指不同行业的市场主体在竞争压力越来越强的市场经营中，为形成必要的规模效应及商业信息网络，通过联盟的方式组成的利益共同体。异业联盟的主体间并非上下游的垂直关系，而是双方具有共同行销互惠目的的水平式合作关系。异业联盟的组建要以异业联盟成员之间对各自品牌的知名度、美誉度、信息度的相互认可为先决条件。通过异业联盟可以减少渠道的重复建设，将原先各异业行业平行建设的流通渠道交叉互通，成员间可以互为促进、互为营销平台，实现资源、信息共享，并增加成员主业产品的附加值。

品的快速高效流通，减少流通环节，延展农产品流通半径，提高产品新鲜度及质量。

（2）具有规模效应。由于农产品营销企业及其配送中心一般可以同时为多个上游环节及下游环节提供服务，降低了这些企业的平均流通成本，具有规模效应。

（3）有利于提升各节点成员的核心优势。由于营销企业专注于流通，其他渠道成员可以各司其职，全力培养自己的核心优势，而营销企业也可以充分发挥自己的网络优势，将渠道链的信息流、物流充分整合，进行优化配送，增加农产品的产后价值，并减少物流环节损耗。

四 批发商主导下的营销渠道联盟组织模式

（一）联盟模式的选择依据

从必要性上来看，目前我国农产品批发商的发展总体上呈现一种"企业规模过小、信息沟通滞畅、战略合作缺失"的状态。首先，由于我国农产品批发商大多属于地方性的或是区域性的，规模相对比较小，营销网络和信息网络不健全，这就造成有规模的全国性、跨区性的农产品批发商较少，缺乏对农产品渠道链条上其他成员的整合能力。其次，由于我国农产品流通的信息化建设滞后，大多农产品批发商没有建立起与其他相关企业之间、部门之间、地区之间的联合，信息沟通滞畅。最后，由于我国农产品批发商大多是区域性的，流通半径小，流通手段落后，批发商与农户、加工企业及下游渠道成员间基本上形成的是一种买断交易关系，没有形成统一的利益整体，战略合作缺失。因此，以联盟的方式实现批发商的规模化，并以其为核心带动其他渠道成员加入到渠道中来，构建农产品渠道联盟是当今我国农产品流通渠道变革的重要方向。

从可行性上看，首先，由于个体农民仍是我国农业生产的主体，农产品流通大多以未经分级、包装和深加工处理的自然形态为主，而通过批发商进行流通可以降低交易成本，消除生产企业与零售企业在信息沟通上的障碍，使流通更加顺利地进行，批发商在客观上仍占据我国农产品流通的主导地位。其次，目前来看，批发商作为中间环节仍是承担信息汇集和商品集散功能的主要载体，是整个农产品渠道链的信息交换中心、物流中心及价格形成中心，既有的业务与人际关系已存在于批发商与供应商、批发商与零售商之间，以批发商作为农产品渠道联盟的核心具有一定基础和可行性。

（二）联盟模式的内涵

以批发商为核心的农产品渠道联盟组织模式就是在整个农产品渠道中，由批发商发挥核心企业功能并实施对整条渠道链进行信息流和物流的整合。

由于目前我国农产品批发商普遍规模较小，因此，实施这种渠道联盟模式的前提是对小规模的批发商进行重组合并，构建"大型农产品批发集团"。[①] 通过"大型农产品批发集团"，在前端与农户、合作社及加工企业组建购销联盟，实现小农户与大市场对接；在中间利用批发集团的信息、技术、物流、网络等优势整合区域批发商（市场），进而打破地域局限，实现统一市场；在后端与农产品分销商组建分销联盟，实现高效、快捷、全覆盖流通。这种联盟模式通过充分发挥"批发集团""中间连接，两头延伸，产销对接，贯穿全链"的作用，能够大幅度提高农产品流通效率（见图3-7）。

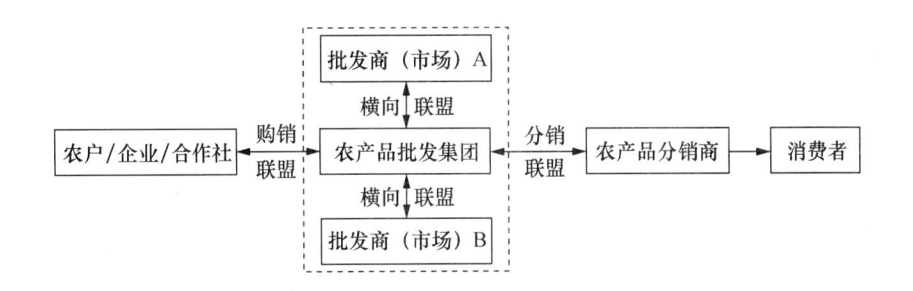

图3-7 批发商主导下的农产品渠道联盟组织模式

从纵向看，农产品批发集团通过前向一体化向生产领域延伸和后向一体化向消费领域延伸，将农产品生产、加工、销售、存储保鲜、配送以及提供信息服务等功能进行了联盟，实现了供需、质量、价格等信息在渠道链条上的畅通传播，确保了交易的稳定性和持续性。

从横向看，农产品批发集团通过异业或同业联盟建立起与其他批发商（市场）之间的横向联合，一方面可实现资源的聚合、共享、风险或成本

---

① 构建"大型农产品批发集团"就是指要形成一批资本规模和销售规模庞大、市场覆盖面广并具有现代化经营管理水平的地区性或全国性农产品批发集团（企业航母），并以它们为主导来整合农产品流通，提高流通效益。

共担等战略目标；另一方面，可利用共用的销售渠道和网络实现规模经济，增强渠道集成度。另外，通过批发商（市场）间的信息共享或者联合广告宣传，还有助于降低农产品流通成本，使联盟各方都可以赢得更多的顾客。

（三）联盟模式形成条件

（1）批发商要有较大的规模和组织化程度。较大的规模和组织化程度是批发商成为渠道联盟核心企业的重要保证，较大的规模和组织化程度能够保证批发商发挥其协调渠道关系的功能。在现阶段，可以批发市场为依托，并借助政府力量，让有实力的大型批发商通过兼并、联合、参股、控股等形式实现规模经营，提高组织化程度，一方面与上游联盟整合生产，另一方面与下游联盟整合渠道终端，从而加强批发集团在渠道中的主导地位，最终形成以批发集团为核心的农产品渠道联盟，以完善我国农产品流通网络。

（2）批发商要拥有突出的物流能力。批发商要成为渠道联盟中的核心企业，除了有协调能力外，其核心竞争力应该是物流能力，即根据实际需要将农产品运输、储存、包装、配送、信息处理等基本功能进行有机结合，使农产品从农户向消费者高效率、低成本地进行实体流动。

（3）批发商要有现代化信息平台。建立和发展批发商主导的农产品渠道联盟，必须依托现代信息技术，进行信息化建设，构建信息平台[①]。因为批发商承担了物流配送中心的功能，其订货、发货、结算处理以及进出库、分拣、分类、包装、信息收集与传递等必须以计算机网络技术、现代通信技术、自动化技术为支撑，实现现代化、自动化的管理和控制。同时，建立和完善批发商与生产商、零售商之间的一体化信息系统，还能使整个渠道联盟达到信息共享，这是提高农产品流通效率的基础条件。

（四）联盟模式的特点

（1）批发商是联盟的信息中心和物流中心。批发商通过建立信息平台与渠道中其他成员连接，进而完成其与其他利益主体信息的有效交流，使供需、质量、价格等信息在渠道成员间得以顺畅流通。批发商通过协调与其他批发商和批发市场的关系，并通过配备完善的物流体系，使其成为

---

① 批发集团主导的农产品渠道联盟信息平台建设，可参考东华农产品批发市场数字化平台建设的经验，它主要由电子结算系统、综合管理系统、电子监控系统、物流配送系统、电子商务系统、数据交换系统、LED与触摸屏信息采集发布系统、市场门户网站信息发布系统等构成。

连接生产、加工、零售的物流中心,通过物流中心来整合渠道资源,进而提高农产品渠道绩效。

(2) 批发商协调渠道的成本较高。由于存在多级批发和零售环节,农产品物流成本、交易成本较高,批发商协调渠道的成本较大。特别是当农户、基地与批发商空间距离较远时,运输、中转途中的损耗较大,耗时长,渠道的组织成本也较高。

(3) 渠道关系较不稳定。在这种联盟模式中,由于农户与农产品批发商的联合具有较低的进入和退出成本,属松散型的联盟,因此,上下环节彼此间交易行为不确定,渠道关系较不稳定。

五 超市主导下的营销渠道联盟组织模式

(一) 联盟模式的选择依据

从必要性看。农产品不同于其他商品,其易腐性特点对时效性、安全性提出了更高要求,尤其是生鲜产品,其时效性强、安全性要求高,而超市能够在增强产品时效性、保证农产品质量安全等方面发挥独特优势。

从可行性看。超市具备的雄厚资金实力、良好的品牌与信誉、完善物流配送系统、较高信息化程度、较强市场开拓能力、良好购物环境等优势能吸引其他渠道成员加入到以其为核心的渠道中来。首先,在以超市为核心的农产品渠道联盟中,超市直接与消费者相连,对市场反应最为快捷;其次,超市通过建立互惠机制协调农产品渠道的相关环节,能够有效组织农产品生产和流通;最后,超市通过自建的物流配送中心还可以实现渠道的物流功能,创造和满足顾客的需求。如今,随着各地"农改超"行动,超市得到了迅猛发展,这也在很大程度上引导和带动了农产品零售终端向超市集中,为构建以超市为核心的农产品渠道联盟奠定了基础。

(二) 联盟模式的内涵

本联盟模式的核心是组建超市主导下的直销联盟,它属于纵向联盟。在以超市(主要是大型超市)为核心的农产品直销联盟中,超市处于中心地位(见图3-8)。超市通过与基地、农业大户、合作社建立联盟,使农产品直接到达零售终端。超市通过采用先进的电子信息技术辅助生鲜农产品交易,通过配备完善的物流体系和信息平台,使其成为联结生产、消费的核心环节。超市的存在减少了中间环节,有利于降低渠道运营成本、控制农产品品质和质量。这种联盟可采取的具体模式有:

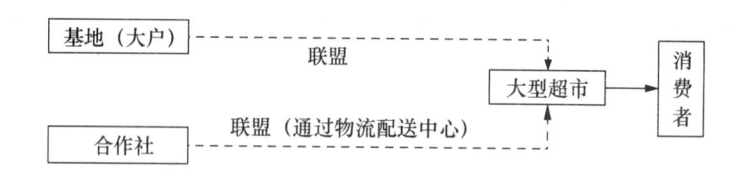

```
基地（大户） ----联盟----→ ┌──────┐   ┌────┐
                            │大型超市│ →│消费│
合作社   ---联盟（通过物流配送中心）--→│      │   │者  │
                            └──────┘   └────┘
```

图 3-8 大型超市主导下的农产品渠道联盟组织模式

(1) "超市+合作社/基地"。它以"直供"的方式使农产品直接到达消费者手中，以减少中间环节，降低交易成本，控制农产品的品质和质量。比如山东家家悦超市与镇政府和村委会合作，共建种植和养殖基地，就是这种模式的典型代表。

(2) "超市+专业合作联社"模式。这是对"超市+合作社"模式的改进。因为目前单个农民专业合作社总体上还处于规模小、管理水平低、资金和技术有限的初期阶段。而在单个合作社规模有限情况下，要想真正实现"农超对接"，需要这些农民专业合作社发展到一定程度后合并成专业合作联社，进行统一的管理和配送，"抱团"与超市"对接"。

（三）联盟模式的形成条件

(1) 超市要有比较雄厚的资金实力、品牌优势和渠道资源。超市要成为农产品渠道联盟的核心企业，必须具有资金、品牌、信息、网络、信誉等方面的优势以吸引其他成员加入其主导的联盟，才能拥有对整个联盟的运作和管理主导权，进而协调渠道关系，共同为满足日益变化的消费需求而努力协作。因此，超市雄厚的资金实力、强大的品牌优势和良好的市场开拓能力是形成以其为核心的农产品渠道联盟的必要条件。

(2) 超市要具备比较完善的物流配送系统。为了应对消费者需求的快速变化，提高农产品的品质和安全度，实现为消费者提供安全、新鲜、多样化的农产品的目的，超市必须拥有完善的物流配送系统，建立和完善现代化的配送中心成为成功实施该模式的关键环节。

(3) 超市要建立现代化的信息平台。[①] 在以超市为核心的渠道联盟模式中，超市是信息集散中心。农户、基地、合作社、加工企业及消费者通

[①] 超市主导的农产品渠道联盟信息平台建设，可以借鉴沃尔玛信息平台的构建框架，来完善和扩展信息化技术的应用，它主要包括节点企业登录系统、供求信息系统、管理决策平台、公共信息发布平台、电子商务平台、运行管理平台、EDI 平台和共享数据中心等。

过超市连接在一起,这就要求超市必须有相对较高信息技术,拥有现代化的信息平台,来提高超市与农户、基地、合作社、加工企业及消费者间的交易效率。首先,超市把需求信息通过信息平台在第一时间传递到农户、基地、合作社、加工企业手中,能缩短信息流通渠道,减少信息的扭曲程度,保证信息的及时性,进而有效解决生产者远离市场,不能有效掌握市场动态的问题。其次,农户、基地、合作社、加工企业通过超市建立的信息平台能够了解超市的库存、销售信息,浏览超市对市场预测、销售计划、库存水平、促销计划、单店需求状况等相关数据,从而及时地做出合理的生产与加工计划,以实现"即时生产"和"快速反应"。

(四)联盟模式特点

(1)实现"产销直挂",快速满足消费者需求。一方面,超市因为自身地位优势,能够快速掌握消费需求信息,并及时与节点成员共享,使分散的农户更快捷响应市场需求变化并做出生产决策,实现"产销直挂"。另一方面,超市以消费者为导向,进行生产、采购、组织货源、物流配送等,并通过自身的销售终端,直接与消费者接触,能够在第一时间获得消费需求变化信息,并根据这些信息对销售产品做出及时、有效的调整,以快速满足消费者需要。

(2)提高农产品的附加值。超市通过自建物流配送中心组织农产品的物流配送,对农产品进行清洗、分类、包装等,可实现农产品的的价值增值。

(3)实现产品标准化。超市通过统一组织农产品的物流配送,使分散经营的各门店建立统一采购标准,可实现产品品质及加工的标准化。

(4)增加参与成员收益。超市通过发挥其强大的资金、市场优势并采用现代化信息技术和管理方式,能够使渠道链的整体效率得到优化,使渠道关系更加协调,进而降低流通成本,增加联盟成员收益。特别是超市对农户或合作社直接下订单,可以减少农业生产的盲目性,真正实现"订单农业",有助于提高农民收入。

(5)促进农产品规模化流通。超市利用其网络优势,可促进农产品规模化流通。比如,江苏省苏果超市股份有限公司积极利用网络优势,加强同农户、生产基地和加工企业之间的合作,建立了生产、加工、销售联动机制,带动了农户、生产基地和加工企业与苏果的同步发展。

六 五种农产品营销渠道联盟组织模式比较

通过上述五种不同核心企业主导的农产品渠道模式分析可以看出,由于核心企业类型及其在渠道中所处位置不同,其主导的联盟组织模式也表现出不同特点。五种农产品渠道联盟组织模式比较如表 3-1 所示。

表 3-1　　　　五种农产品营销渠道联盟组织模式比较

核心企业	典型特点	联盟模式	核心企业位置	形成条件
合作社	农户组织化,稳定渠道关系	纵横联盟	上游	合作社的产业基础、市场化运作、龙头企业支撑;合作社的规模、影响力和组织能力以及完善的内部治理机制;政府的政策扶持
加工企业	管理协调能力强;渠道协调成本低;能够快速反馈消费者需求;品牌经营,拓展市场	纵横联盟	中上游	强大的品牌优势和网络优势
营销企业	流通速度快;具有规模效应;有利于提升各节点成员的核心优势	纵横联盟	下游	强大品牌和网络
批发商	批发集团是联盟的信息与物流中心;渠道协调成本高;渠道关系不稳定	纵横联盟	中下游	批发集团规模化、突出的物流功能、现代化的信息平台
商业超市	"产销直挂";市场反应速度快;信息化程度、产品标准化程度高	纵向联盟	下游	雄厚的资金实力、强大的品牌资源、物流配送系统、现代化的信息平台

资料来源:笔者整理。

本章小结

本章主要从理论视角研究我国农产品渠道联盟组织模式的选择问题,提出了五种农产品渠道联盟组织模式,并论述了每种模式的内涵、特点和形成条件。

以合作社为核心的农产品渠道联盟组织模式是前端通过组建生产联盟实现农户的联合，在后端通过组建"合作社联合体"或"合作社兴办的农产品加工流通企业"实现与分销商的联盟。其特点是，一方面，增强了农户的组织化程度，增强了农户的谈判力；另一方面，合作社通过承担"指导生产、渠道管理、传递信息"三大渠道职能提高了农产品品质、畅通了信息传播渠道、稳定了渠道关系。

以加工企业为核心的农产品渠道联盟组织模式，其内涵式是，前端与合作社组建加工联盟，在中间与盟员加工企业组建"产品联盟"和"生产联盟"，在后端与农产品分销商组建分销联盟。这种联盟模式的构建需要以加工企业有较大规模、良好的声誉、强大的品牌优势为前提。其特点是加工企业通过与农户联盟，实现带动，能够降低渠道的交易成本，减少农户的市场风险；农产品经过加工企业的规模化、专业化加工，能提高农产品附加值并更好地满足消费者多样化需求；大型加工企业与分销商联盟能够快速反馈消费者需求，并能根据顾客个性化需要开展服务。

以营销企业为核心的农产品渠道联盟组织模式，其内涵式是，前端通过与合作社（农户）组建产销联盟，在中间通过同业和异业与农业营销企业和非农营销企业组建横向联盟，在后端与农产品分销商组建分销联盟。这种联盟模式也需要以营销企业拥有强大品牌和网络优势为前提。这种模式的特点是流通速度快、具有规模效应，有利于提升各节点成员的核心优势。

以批发商为核心的农产品渠道联盟组织模式，其内涵式是，前端通过大型"农产品批发集团"与农户、合作社及龙头企业组建购销联盟，在中间利用大型批发商的信息、技术、物流、网络等优势与区域批发商（市场）组建联盟，在后端与农产品分销商组建分销联盟。发挥"批发集团"的"中间连接，两头延伸，产销对接，贯穿全链"作用，进而提高农产品流通效率。该联盟模式的组建要以批发集团规模化、突出的物流功能、现代化的信息平台为条件。其特点是，批发集团是联盟的信息中心和物流中心，但具有渠道协调成本高、渠道关系不稳定的特点。

以超市为核心的农产品渠道联盟组织模式，其核心是以超市为中心组建直销联盟，超市通过与基地、大户建立联盟使农产品直接到达零售终端。这种联盟组织模式需以超市有雄厚的资金实力、品牌资源、物流配送系统、现代化的信息平台为前提。其特点是实现了"产销直挂"，渠道信息化程度、产品标准化程度高，成员收益有保障。

第四章 农产品营销渠道联盟结构模式选择

联盟结构模式即渠道联盟体内部成员间的组建方式，农产品联盟结构模式选择即从联盟主体关系紧密程度视角研究股权式联盟和契约式联盟的选择问题，这是农产品渠道联盟模式选择需要关注的另外一个问题。截至目前，学者们已从企业间战略联盟角度提出了多种联盟结构模式的分类方法。但目前被普遍使用的是奥斯本等（1990）和蒂斯（1992）的研究，他们按照是否存在股权联系，将联盟结构模式可以分为股权式联盟（相互持股式联盟和合资企业式）和契约式联盟。本书对农产品渠道联盟结构模式选择的研究也基于上述两种分类方法。

第一节 农产品营销渠道联盟结构模式选择的理论分析

依据对战略联盟结构模式选择的研究，本书先从理论上来分析农产品渠道联盟结构模式的选择。

一 营销渠道联盟结构模式选择的影响因素

林寿富、赵定涛、毕军贤（2007）的研究认为，联盟结构模式的选择主要受到资产专用性、对方行为的不确定性、环境的不确定性和资源依赖性的影响。

（1）资产专用性。在资产专用性趋于零时，企业之间是相互独立的，市场交易比其他任何形式的交易更能降低交易成本。但当资产专用性增大时，交易双方的相关性增强，会出现交易双方相互依存的现象，即双边依赖性。当资产专用性达到一定程度时，市场交易的潜在费用就会阻止企业继续依赖市场，企业之间需要建立自觉的、有意识的和有目的的内部协调机制，对市场具有合作适应性，也就是对市场的干扰作出联合反应，即建立联盟。

（2）对方行为的不确定。对方行为的不确定性很大程度上也是由双方依赖性大小决定的，对方企业对本企业的依赖性越小，对方行为的不确定性就越大，反之，不确定性就越小。

（3）环境不确定性。环境不确定性的存在则说明了双边依赖的动态性，环境的不断变化将导致双边依赖关系的动态变化。

（4）资源依赖性。企业对资源的依赖则指出了双边依赖性的基础是联盟双方相互的资源依赖，正是双方对资源的依赖使得联盟的建立成为可能。

林寿富、赵定涛、毕军贤（2007）指出，资产的专用性、对方行为的不确定性、环境不确定性和资源依赖性都可以通过一个重要变量——"双边依赖性"的大小来进行反映，这样联盟结构模式的选择问题就转化为双边依赖的问题，双边依赖性是影响联盟结构模式选择的重要因素。另外，由于双边依赖性的影响，双方对联盟的控制程度要求也存在差异。当盟主对盟员的依赖性强时，对联盟有强的控制要求，选择股权式联盟（合资式或相互持股式联盟）这种控制力强的联盟方式较为适宜；反之，则选择契约式联盟。

二 营销渠道联盟结构模式选择模型

依据依赖性强弱，进一步把双边依赖性分为强对称依赖、弱对称依赖、强非对称依赖和弱非对称依赖四类。对应的控制要求也分为强对称控制要求、弱对称控制要求、强非对称控制要求和弱非对称控制要求四类。将双边依赖性和盟主对联盟的控制要求相结合分析，情况如下：

（1）当联盟主体间处于强对称依赖时，具有强对称控制要求，即双方对联盟都有较强的控制要求，可采用合资企业式联盟。

（2）当联盟主体间处于强非对称依赖时，即盟主对联盟有强的控制要求，而盟员对联盟的控制要求较弱，采用相互持股式联盟。

（3）当联盟主体间处于弱非对称依赖时，即盟主对联盟的控制要求很弱，而盟员对联盟控制要求较强，采用契约式联盟。

（4）当联盟主体间处于弱对称依赖时，具有弱对称控制要求，则不联盟（见图4-1）。

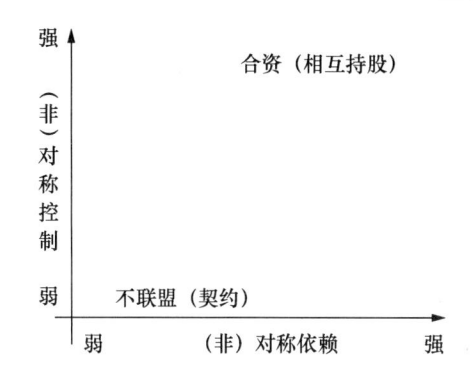

图4-1 基于依赖和控制程度的联盟结构模式选择模型

三 农产品营销渠道联盟结构模式选择

对合作社主导下的联盟而言，从上游来看，由于组建生产联盟后，农户和合作社对联盟有强的控制要求，故可采用合资式联盟。农户和合作社共同出资组建生产联盟，这时合作社可以起组织作用，同时，合作社拥有的生产、技术、信息、政策资源可以起到稳定联盟发展的作用。从下游来看，因为下游渠道成员注资给了股份公司，双方可能对彼此都有强的依赖和强的控制要求，因此可选择合资企业式联盟。

对加工企业主导下的联盟而言，从横向联盟来看，由于大型加工企业对联盟有强的控制要求，而盟员加工企业可能对联盟的控制要求较弱，所以，可采用相互持股式联盟，也可能存在大型加工企业对联盟的控制要求很弱，而盟员加工企业对联盟的控制要求较强，这时，可采用契约式联盟。从纵向联盟来看，由于农户违约率高，加工企业对联盟的控制要求很弱，应采用契约式联盟。

对营销企业主导下的联盟而言，从横向联盟来看，由于营销企业对联盟有强的控制要求，而盟员营销企业也可能对联盟的控制要求较强，所以，可采用合资式联盟，比如共同组建农产品物流配送中心。从纵向联盟看，在"农户—营销企业"阶段，由于营销企业对农户有弱的控制要求，而农户对联盟的控制要求较强，故采用契约式联盟；在"营销企业—分销商"阶段，营销企业对联盟有强的控制要求，而分销商对联盟的控制要求较弱，故可采用相互持股式联盟。

对批发商主导下的渠道联盟模式而言，因为批发商对联盟的控制要求较强，因此可选择合资式联盟或相互持股式联盟。

对超市主导下的联盟而言。超市和大户（基地）双方对联盟都有较强的控制要求，因此，易采用合资企业式联盟，比如联合组建物流中心。

第二节 农产品营销渠道联盟结构模式选择的实证分析

本节试图在提出农产品渠道联盟结构模式选择概念模型基础上，通过对农业企业的实际调查，应用结构方程模型（SEM）的研究方法，对影响农产品渠道联盟结构模式选择的因素及不同联盟结构模式与联盟绩效的关系进行实证分析。希望这一研究结果能为农业企业进行渠道联盟结构模式选择时提供参考。

一 文献回顾

目前对渠道联盟结构模式选择的研究还很鲜见，大部分研究集中在对战略联盟结构模式的研究，而对战略联盟结构模式的研究又主要集中于两个方面：一是对战略联盟结构模式分类的研究（C. Oliver，1990；Yoshino，1995；P. Dussauge，1999）；二是对战略联盟结构模式选择影响因素的研究。

对战略联盟结构模式分类的研究，目前主流的观点是股权式联盟和非股权式（或契约式）联盟两分法（Osborn，1990；Teece，1992）。

对联盟结构模式选择影响因素的研究，目前大多集中于从资源投入、竞争强度、交易成本、风险等角度进行探讨。

从资源投入角度研究联盟结构模式选择的学者认为，公司对联盟投入的资源类型决定联盟结构模式的选择偏好（T. K. Das，2000）。

乔伊·巴尼（Jay Barney，1991）认为，投入联盟的资源可分为物质资源、人力资源和组织资源三类。Miller和Shamsie（1996）将所有的资源划分成基于所有权的资源和基于知识的资源两大类。刘益等（2003）将投入的资源分为金融资源、技术资源、物质资源和管理资源。王凤彬（2005）针对中国的战略联盟，主张将资源分为资产资源、知识资源和组织资源三类。王吉林（2007）将投入资源分为物质资源、金融资源、技术资源、管理资源和组织资源。上述研究认为，由于公司在联盟中投入资源的类型和数量存在差异，进而影响到对联盟结构模式选择的偏好。

Ming Zeng（2003）的研究认为，伙伴间的竞争强度越高，双方合作的可能性就越小，进而会对企业管理者的风险感知产生作用，最终影响到公司对战略联盟结构模式选择的偏好。

贾生华（2006）的研究认为，联盟企业可以通过选择与"交易特征"相匹配的联盟模式来控制交易成本（包括防范成本和协调成本）。

Ring 和 Van De Ven（1992）将交易特征分为环境不确定性和行为不确定性。环境不确定性越高，联盟企业更倾向于采用股权式联盟。行为不确定性主要受联盟企业之间的资源依赖性和分工明确性的影响。资源依赖性越高，联盟双方所需要付出的防范成本也越高，双方也就越倾向于采用股权式联盟。林寿富等（2007）也认为，影响联盟结构模式选择的因素主要是双方对对方资源的依赖性（双边依赖性）和不同的控制要求。分工明确性是指双方为了实现共同任务而进行分工的清晰程度。分工越明确，联盟企业所需要付出的防范成本和协调成本越低，双方也就越倾向于采用契约式联盟。但 Gulati（1995）认为，联盟经验也应该纳入交易特征之中，联盟经验越丰富，契约式所需的防范成本和协调成本也就越低，双方越倾向于采用契约式联盟。

从风险角度研究联盟结构模式选择是联盟研究中另外一个重要分支，研究内容主要表现在两个方面。

（1）研究不同风险类别对联盟结构模式选择的影响。T. K. Das（1996）将战略联盟中的风险分为两类：关系风险和绩效风险[①]。Das 和 Teng（1996）的研究认为，管理者关系风险感知相对较高时，更倾向于选择股权式联盟；管理者绩效风险感知相对较高时，更倾向于选择非股权式联盟。郑胜华（2001）和严浩坤等（2004）的研究认为，企业对关系风险感知和绩效风险感知都低时，倾向于选择股权式联盟；企业对关系风险感知高但对绩效风险感知低时，也倾向于选择股权式联盟；企业对关系风险感知和绩效风险感知都高时，倾向于选择非股权式联盟；企业对关系风险感知低且对绩效风险感知高时，倾向于选择非股权式联盟。刘益、李垣（2003）的研究认为，公司对未来战略联盟的绩效（或关系）风险的主观评价越高（越低），它就越偏好于选择非股权式（股权式）联盟。

（2）研究哪些因素导致风险感知，它们又是如何影响联盟结构模式

[①] 关系风险指参与联盟的企业不能完全致力于共同的努力而导致联盟失败的可能性与结果，绩效风险是指合作企业之间存在令人满意的合作但战略联盟的目标无法成功实现的后果和可能性。

的选择的。刘益、李垣（2003）把资源投入、风险感知和结构模式选择三者联系在一起进行研究，得出结论：由于每个公司投入的资源、资源的相对重要性不同，导致管理者对未来在战略联盟中遭遇风险的主观评价不同，从而影响对联盟结构模式的选择偏好。王吉林（2007）通过实证分析认为，资源投入和竞争强度共同影响风险感知，进而影响联盟结构模式的选择。

从上述文献研究看，学者们对战略联盟模式研究取得了较为丰硕的研究成果，但仍存在研究缺口。第一，在对战略联盟结构模式选择的研究中，多数只是从某一方面（比如只从交易特征、风险、资源投入等某个方面）来研究，而较少把以上所有因素进行系统整合来研究联盟结构模式选择。第二，在营销渠道领域，把联盟模式选择和联盟绩效结合起来进行系统的研究较欠缺。第三，把企业间战略联盟模式应用到农产品渠道联盟领域，探讨农产品渠道联盟结构模式选择和联盟绩效关系的研究缺乏。

二 研究模型与假设

本书把影响联盟结构模式选择的因素分为交易特征因素（环境不确定性、分工明确性、资源依赖性、联盟经验）、交易成本因素、资源投入因素、竞争强度因素和风险感知因素，其中交易特征因素可直接地或通过交易成本间接地影响联盟结构模式选择和联盟绩效；资源投入、竞争强度可直接地或通过管理者的风险感知间接地影响联盟结构模式选择和联盟绩效。研究概念模型（见图4-2）、研究内容和假设如下：

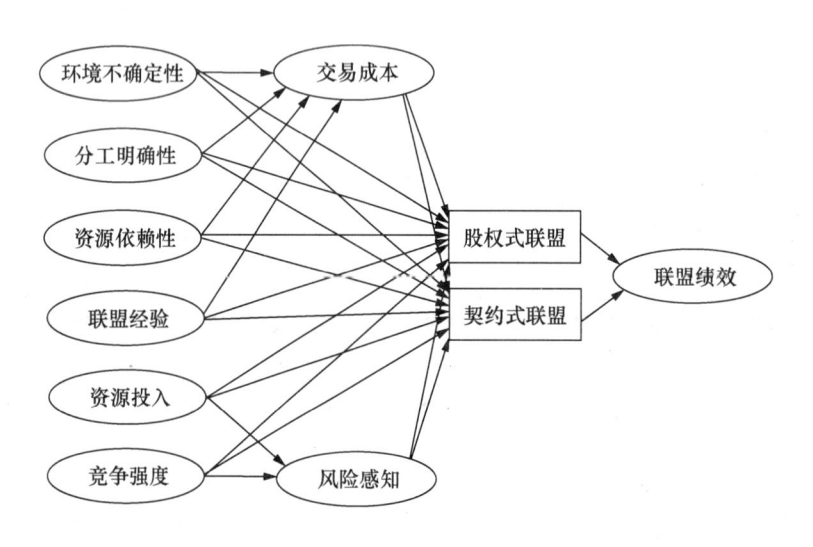

图4-2 农产品渠道联盟结构模式选择的实证概念模型

(一) 交易成本

贾生华 (2006) 认为,交易成本可以通过选择与交易特征相匹配的联盟模式来控制,这里的交易成本包括防范成本和协调成本。Ring 和 Van De Ven (1992) 的研究也发现,联盟企业所需要付出的防范成本和协调成本 (交易成本) 越低,双方也就越倾向于采用契约式模式。基于此,本书提出假设1:

H1:渠道联盟双方为联盟所付出的交易成本越高(低),越倾向于采取股权式(契约式)联盟,并会导致联盟绩效提升。

(二) 风险感知

本书把风险感知划分为关系风险和绩效风险,并参考 Das 和 Teng (1999)、郑胜华 (2001)、严浩坤和王庆喜 (2004)、刘益和李垣 (2003)、王吉林 (2007) 的研究,提出假设2:

H2:双方对联盟的风险感知(关系风险和绩效风险)越高(低),企业间越倾向于采取契约式(股权式)联盟,并会导致联盟绩效提升。

(三) 环境不确定性

参考 Ring 和 Van De Ven (1992)、Sampson (2004)、贾生华 (2006) 的研究并考虑到农业企业的特殊性,本文将环境不确定性描述为市场需求的不确定、行业标准的不确定、市场竞争程度的不确定、产业政策的不确定。这些不确定性源于环境的复杂与不断变化,并会导致交易成本上升,进而导致的联盟模式选择的不同和联盟绩效变化。基于此,提出假设3:

H3:环境不确定性程度越高(低),渠道联盟成员间的交易成本越高(低),越倾向于采取股权式(契约式)联盟,并会导致联盟绩效提升。

(四) 分工明确性

Zollo、Reuer 和 Singh (2002) 认为,分工明确性是指双方为了实现共同任务所需要分工的清晰程度。Ring 和 Van De Ven (1992) 研究发现,分工越明确,联盟企业所需要付出的防范成本和协调成本越低,双方也就越倾向于采用契约式模式,并会导致联盟绩效的提高。基于此,提出假设4:

H4:分工明确性越高(低),渠道联盟成员间的交易成本越低(高),越倾向于采取契约式(股权式)联盟,并会导致联盟绩效提升。

(五) 资源依赖性

J. Pfeefer 和 P. Nowak (1976) 认为,资源依赖性是指一方所拥有的资源对对方发展的价值性和不可替代性。贾生华 (2006) 认为,资源依

赖性应该包括对方对被调研企业的资源依赖性以及被调研企业对对方的资源依赖性,即双边依赖性。基于此,提出假设5:

H5:双方资源依赖性越高(低),渠道联盟成员间的交易成本越高(低),越倾向于采取股权式(契约式)联盟,并会导致联盟绩效提升。

（六）联盟经验

联盟经验是特定联盟双方之间以往的联盟经历,包括联盟经历的数量和质量（贾生华,2006）。Gulati（1995）的研究表明,联盟经验越丰富,契约式联盟所需的防范成本和协调成本也就越低,双方也就越倾向于采用契约式联盟。基于此,本书把联盟经验定义为接触频率和合作深入程度,并提出假设6:

H6:联盟经验越丰富(不丰富),渠道联盟成员间的交易成本越低(高),越倾向于采取契约式(股权式)联盟,并会导致联盟绩效提升。

（七）资源投入

联盟的主要目的之一就是获得单个公司所没有的资源,但为了获得资源需要先投入不同类别资源,如金融资源、技术资源、物质资源和管理资源等。而联盟中的资源投入具有资产专有性特征,一旦联盟失败,会给联盟方造成很大的损失。所以,渠道成员向联盟中投入的资源越多,渠道管理者对联盟的风险感知越高,其越希望通过契约式这种不涉及所有权的转移,更加灵活,更容易重组、改革或终止的联盟模式。基于此,提出假设7:

H7:渠道成员向联盟中投入的资源越多(少),渠道管理者对未来联盟的风险感知越高(低),越倾向于采取契约式(股权式)联盟,并会导致联盟绩效提升。

（八）竞争强度

联盟合作实际是一种竞合关系,竞争越激烈,联盟双方风险感知越高,稳定性越差,合作继续的可能性越小,契约式联盟越合适。基于此,提出假设8:

H8:渠道成员面临的竞争强度越高(低),渠道管理者对未来联盟的风险感知越高(低),越倾向于选择契约式(股权式)联盟,并会导致联盟绩效提升。

另外,为了深入研究交易特征因素、资源投入和竞争强度和联盟模式选择的直接关系,本章还假定交易特征因素、资源投入、竞争强度可直接影响联盟模式选择,并提出假设9:

H9：交易特征因素、资源投入和竞争强度对联盟模式有直接显著影响。

三 问卷设计与数据收集

本书研究主要涉及 10 个研究变量，分别是外生隐变量：环境不确定性、分工明确性、资源依赖性、联盟经验、资源投入、竞争强度、风险感知。内生隐变量：联盟绩效。内生显变量：股权式联盟和契约式联盟。除内生显变量外，其他 8 个变量都是不可观测的，需要具体的测量指标进行测量。根据以上研究假定并参考相关学者的研究，本书变量的可操作化定义和问卷设计如表 4-1 所示。本书问卷共分为 10 个部分，大部分问项皆来自于相关学者已有的研究成果，考虑本研究调查对象的特殊性，对有些问项进行了适当的修改，并咨询了相关领域的专家，最后形成了包含 62 个问项的调查问卷，问卷采用李克特（Likert）五点量表，由低（1分）到高（5分），分别代表"非常不同意"到"非常同意"。

表 4-1 变量的可操作化定义和问卷设计

变量名称	问项数	问卷的问项内容设计	参考来源
交易成本	4	防范成本；协调成本	Ring 和 Van De Ven (1992)
风险感知	10	合作风险；绩效风险	Das and Teng (1996)、郑胜华 (2001)、严浩坤和王庆喜 (2004)、王吉林 (2007)
环境不确定性	6	市场需求；政策、法规；市场监管；行业标准；竞争者的动向	Ring 和 Van De Ven (1992)、Sampson (2004a)、林寿富、赵定涛和毕军贤 (2007)、贾生华 (2006)
分工明确性	5	分工确定性；沟通、协调的经常性	贾生华 (2006)
资源依赖性	11	关系依赖；替代性；相对优势	Zollo、Reuer 和 Singh (2002)、Ring 和 Van De Ven (1992)、贾生华 (2006)
联盟经验	4	联盟次数；合作质量	Gulati (1995) 和贾生华 (2006)
资源投入	7	物质资源投入；金融资源投入；技术资源投入；管理资源投入；组织资源投入	王凤彬 (2005) 和王吉林 (2007)
竞争强度	6	行业竞争强度；市场竞争强度	王吉林 (2007)
联盟模式	2	股权式联盟偏好；契约式联盟偏好	R. N. Osborn 和 C. C. Baughn (1990)、D. J. Teece (1992)
联盟绩效	7	合作成效；满意度；目标实现状况；所获收益价值提升；竞争优势和长期竞争力	贾生华 (2006)

本书以农业企业为研究对象，考虑研究问题的专业性，调查对象主要集中在农业企业中老总、副总或销售主管以上职务人员，抽样采取随机的方式进行。在正式调研之前，考虑到本书的衡量题目都是参考非农领域的研究修改而成，因此应首先经过前测①（Pretest）确认问项的适切性以及了解受测者对于问卷的反应，以提高问卷效度。主要方法是采用探索性因子分析中的"单一因素的原始负荷量法"②和Cronbach's α信度检定③进行。经过对武汉市4家农业企业发放55份问卷的前测，最终形成了包含58个问项的正式问卷。

因本书拟采用因子分析和结构方程方法进行统计分析，该方法对样本容量有特殊要求，设计的调研问卷共有58个问项，根据结构方程模型方法的要求，调研回收的问卷最少需要290份，为了提高问卷回收率，此次采取留置问卷调查方式在河南、湖北一共发出350份问卷，回收311份，回收率为88.8%，剔除漏填问项过多及选项答案过分集中问卷8份，有效问卷为303份，有效问卷回收率为86.5%。

被调查者所在企业所从事的分别是乳制品加工、畜牧养殖、肉类加工、蔬菜销售、饲料生产销售，从问卷回收结果看，乳制品加工占有效样本总量的18%，畜牧养殖占有效样本总量的19%，肉类加工占有效样本总量的22%，蔬菜销售占有效样本总量的20%，饲料生产销售占有效样本总量的21%，有效样本来源分布较均匀，具有较强的代表性。另外，统计显示，与营销渠道合作伙伴建立联盟关系的时间在1年以下的占41.2%，1—3年的占28.6%，3—5年的占17.9%，5年以上的占12.3%，与渠道成员所组建的联盟目前大部分都处于成立初期（占38.7%）和发展成长期（占20.6%），样本数据具有较强的客观性和说服力。

四　量表品质检验

一份量表品质优劣通常通过项目区分度（Discrimination）、信度（Re-

---

① M. Tracey、M. A. Vonderembse 和 Lim Jeen – su（1999）认为，只要有50个有效的样本便可以进行前测分析。

② 即把所有问项进行因子分析，且规定只输出一个主成分，只看未转轴的成分矩阵的因子载荷，如果有问项低于0.3就删除。

③ 信度检定主要是根据各构面的α值是否大于0.7、问项删除后是否能提升构面的α值、项目总分相关（CITC）是否大于0.5进行。

liability)、效度（Validity）以及数据的同源误差（Common Method Variances，CMV）程度来反映。由于信度通常随区分度提高而提高，因此，本书对量表的品质检验主要通过信度检验、效度检验和同源误差检验来进行。

（一）同源误差检验

由于本次研究的数据是截面数据，可能存在数据同源误差进而影响研究质量，因此在进行数据分析之前，首先要对数据进行同源误差检验。根据 Podsakoff 和 Organ（1986）的建议，在统计上通常是通过哈曼（Harman）单因子检验来验证数据同源误差的严重程度，经检验，本书第一主成分解释的方差变异为 12.65%，小于 40%，同源误差并不严重，可以进行其他分析。

（二）信度检验

信度检验一般要包括内部一致性信度检验和组合信度（CR，Composite Reliability）检验。内部一致性信度一般通过 Cronbach's α 值来衡量。组合信度要通过结构方程模型（SEM）中的验证性分析（CFA）完成（见表4-3）。

与前测相同，经过内部一致性信度检验，共删除了2个问项，各分量表的 Cronbach's α 值都达到了 0.7 以上且比未删除前有了增加（见表4-2），且分项对总分相关没有低于 0.5 的问项。

（三）效度检验

效度主要包括内容效度、聚合效度和区别效度。因量表的设计与修改都是在参考已有研究成果和专家意见基础上进行，故内容效度有保证，这里主要检验聚合效度和区别效度。因本量表为首次开发，故首先采用因子分析法，将繁多的问项浓缩并删除有交叉载荷及因素负荷量小于 0.7 和共同度小于 0.5 的问项，在因素萃取后，重新汇整量表各问项如表4-2所示。

然后针对信度检验和因子分析后保留问项进行验证性因子分析（CFA），结果如表4-3所示。从表4-3可以看出：各个潜变量的平均方差萃取量（AVE）均超过 0.5；所有标准化因子载荷大于 0.5 且达到显著水平；组合信度（CR）均高于建议值 0.7 以上；测量模型的拟合指标基本达到了 SEM 拟合指标建议值的要求。以上说明测量模型具有较好的聚合效度。

表 4-2　　　　　　信度检验和因子分析后各构面状况

潜变量/构面	原问项数	α 值	信度检验和因子分析后删除问项数	保留问项数	保留问项所在构面的 α 值
交易成本	4	0.84	—	4	0.84
风险感知（2）	9	0.86	2	7	0.88
环境不确定性	5	0.79	1	4	0.87
分工明确性	4	0.86	—	4	0.86
资源依赖性（2）	9	0.81	2	7	0.87
联盟经验	4	0.85	—	4	0.85
资源投入	5	0.87	1	4	0.89
竞争强度（2）	8	0.82	—	6	0.88
联盟绩效	6	0.75	1	5	0.82
联盟模式	2	0.74	—	2	0.74
整体量表	54	0.84	7	47	0.89

说明：括号内的数字表示该构面经过因子分析后萃取出的因子个数。下同。

表 4-3　　　　　　测量模型的组合信度及聚合效度检验

潜变量/构面	标准化因子载荷范围	p	测量误差	组合信度（CR）	平均方差萃取量（AVE）
交易成本	0.77—0.82	***	0.33—0.41	0.83	0.66
风险感知（2）	0.71—0.86	***	0.26—0.50	0.85	0.71
环境不确定性	0.76—0.85	***	0.28—0.43	0.88	0.71
分工明确性	0.70—0.94	***	0.12—0.51	0.84	0.69
资源依赖性（2）	0.74—0.81	***	0.34—0.45	0.92	0.58
联盟经验	0.74—0.83	***	0.31—0.45	0.94	0.62
资源投入	0.77—0.79	***	0.38—0.40	0.89	0.61
竞争强度（3）	0.79—0.81	***	0.34—0.38	0.91	0.64
联盟绩效	0.76—0.91	***	0.17—0.42	0.89	0.70

说明：（1）*** 表示 $p < 0.001$（双尾，下同）；

（2）$\chi^2/df = 2.28$，$p = 0.00$，GFI $= 0.97$，RMSEA $= 0.05$，NFI $= 0.98$，IFI $= 0.99$，CFI $= 0.99$；

（3）对风险感知、资源依赖和竞争强度的分析是依据括号中因子个数进行，不再是问项。

对于区别效度,根据福内尔和拉克(Fornell and Larcker,1981)的建议,主要考察各潜变量本身 AVE 值的算术平方根是否大于其与其他潜变量的相关系数,如果大于与其他因子的相关系数,则区别效度良好。经比较,测量模型具有良好的区别效度(见表4-4),至此,测量模型的效度得到检验。

表4-4　　　　　　　　测量模型的区别效度检验

潜变量	T	U	C	D	E	I	F	R	P
交易成本(T)	**0.85**								
环境不确定(U)	0.56**	**0.81**							
分工明确性(C)	-0.58**	0.42**	**0.89**						
资源依赖性(D)	0.63**	0.46**	0.39**	**0.79**					
联盟经验(E)	-0.61**	0.55**	0.48**	0.31**	**0.86**				
资源投入(I)	0.45**	0.31**	0.35**	0.22**	0.34**	**0.90**			
竞争强度(F)	0.48**	0.35**	0.37**	0.42**	0.28**	0.44**	**0.92**		
风险感知(R)	0.51**	0.59**	0.39**	0.20**	0.31**	0.69**	0.57**	**0.84**	
联盟绩效(P)	0.11*	0.13*	0.11*	0.12*	0.14*	0.09*	0.13*	0.10*	**0.79**

说明:

(1) ** 表示 $p<0.01$,* 表示 $p<0.05$;

(2) 对角线上的加粗数字为各潜变量 AVE 的算术平方根,对角线下的数字为各潜变量的相关系数。

五　模型的假设检验结果及分析

(一) 假设模型的检验结果

本书采用 AMOS7.0 分析工具中的最大似然估计(ML)对研究假设进行检验,ML 估计要求样本数据服从多元正态分布,但 Bentler 和 Kano (2004) 的研究认为,就算变量不服从多元正态分布,采用 ML 估计也是稳健的。ML 估计要求样本数一般为观测变量的 5—10 倍(Joseph F. Hair et al.,1995),Boomsma 认为,样本至少要大于 100,本书有效样本为 303,均达到了 ML 估计的要求,因此估计方法可行。经计算,得到假设模型的标准化参数值如图 4-3 所示。由图 4-3 可知,在 0.001 和 0.01 显著性水平下,影响联盟模式选择的诸因素中,交易特征因素对联盟模式选择的直接影响和间接影响都显著,这说明,在农产品渠道联盟领域,也存在着交易特征因素显著影响联盟模式选择,同时以上诸因素与联盟模式匹配会导致联盟绩效的提升,这验证和丰富了 Sampson 和 Gulati 的结论并支持了本书的假设 H3—H6。

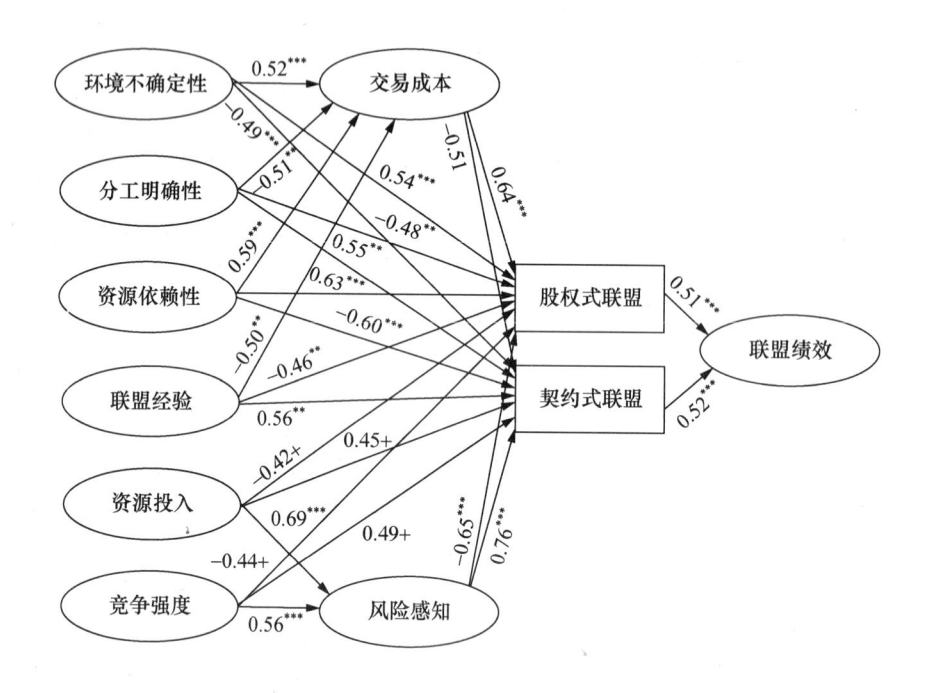

图 4-3 假设模型实证结果

说明:

(1) + 表示在 0.05 水平下不显著;*** 表示 $p<0.001$;** 表示 $p<0.01$。(2) $\chi^2/df=2.08$,$p=0.00$,GFI=0.95,RMSEA=0.04,NFI=0.97,IFI=0.97,CFI=0.93,RFI=0.91。

另外,交易成本和风险感知也直接显著影响联盟模式选择,这支持了假设 H1 和假设 H2,这说明,与工业品类似,在农产品领域,也存在交易成本和风险感知对联盟模式选择产生显著影响。图 4-3 还显示,资源投入和竞争强度对联盟模式选择的直接影响不显著,但对风险感知的影响显著,这支持假设 H7 和假设 H8,部分支持了假设 H9。为了使模型更加简约化,尝试将不显著路径删除得到修正模型(见图 4-4)。

(二)修正模型的检验结果

遵循模型修正逐条删除原则,对原假设模型中系数不显著的路径进行了逐次删除，每次删除后模型的 χ^2 值增加值并未达到显著水平，最终得到修正模型的标准化参数值如图4-4所示。从图4-4可以看出，整体模型数据拟合在可接受的范围之内，各变量与联盟模式之间关系都达到显著水平，而图4-3中通过交易成本和风险感知变量的路径系数也达到显著水平，因此，根据温忠麟等（2005）关于中介效应的研究，可以得出结论：交易成本变量和风险感知具有对联盟模式选择的中介效应，且风险感知具有完全中介效应。这说明，交易特征因素（环境不确定性，资源依赖、分工明确性，联盟经验）会通过交易成本影响联盟模式选择，而资源投入和竞争强度必须通过影响企业管理者的风险感知，进而影响联盟模式选择。

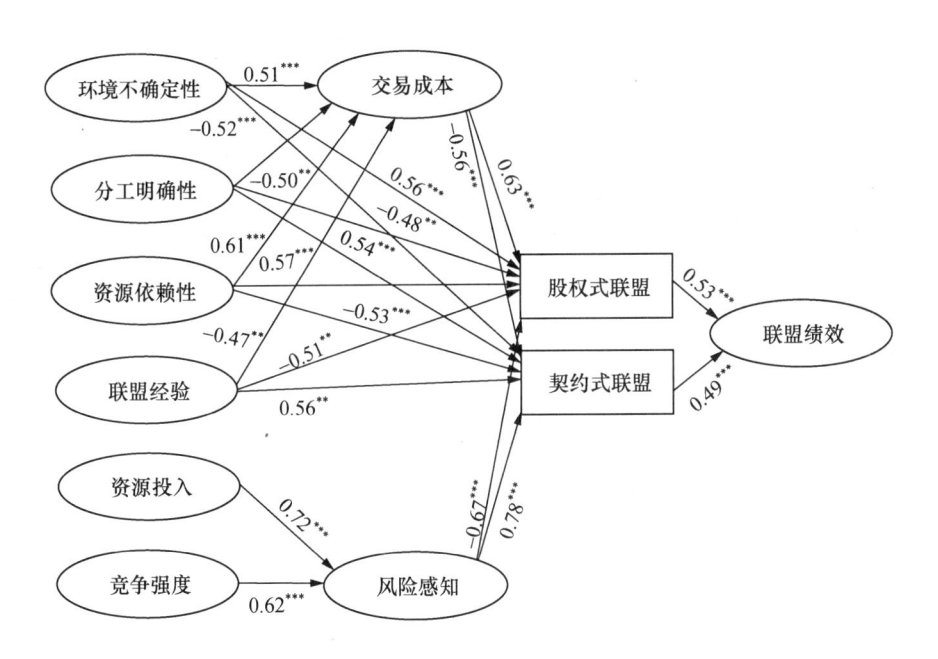

图4-4 修正模型实证结果

说明：(1) *** 表示 $p < 0.001$；** 表示 $p < 0.01$。(2) $\chi^2/df = 2.32$，$p = 0.00$，GFI = 0.97，RMSEA = 0.05，NFI = 0.98，IFI = 0.98，CFI = 0.93，RFI = 0.95。

为了检验交易特征因素、交易成本、资源投入、竞争强度和风险感知总体上如何影响联盟模式选择的偏好和绩效的变化，根据修正模型（见图4-4）计算了联盟模式偏好及其与联盟绩效关系的总体效应（见表4-5）。

表4-5 农产品渠道联盟结构模式偏好及其与联盟绩效关系的总体效应

因素与模式 总效应		U	C	D	E	I	F	T	R
股权式（1）		0.88	-0.80	0.95	-0.81	-0.48	-0.42	0.63	-0.67
契约式（2）		-0.81	0.82	-0.87	0.82	0.56	0.48	-0.56	0.78
模式偏好比较 （取绝对值）		(1)>(2)	(2)>(1)	(1)>(2)	(2)>(1)	(2)>(1)	(2)>(1)	(1)>(2)	(2)>(1)
因素与模式匹配后绩效总效应	股权式(1)	0.47	0.42	0.50	0.43	0.25	0.23	0.33	0.36
	契约式(2)	0.40	0.40	0.43	0.40	0.27	0.25	0.27	0.38
	绩效比较	(1)>(2)	(1)>(2)	(1)>(2)	(1)>(2)	(2)>(1)	(2)>(1)	(1)>(2)	(2)>(1)

说明：U表示环境不确定性；C表示分工明确性；D表示资源依赖性；E表示联盟经验；I表示资源投入；F表示竞争强度；T表示交易成本；R表示风险感知。

从表4-5可以看出，交易特征因素、交易成本、资源投入、竞争强度和风险感知总体上对联盟模式选择的偏好和联盟绩效影响不同。环境不确定性越高，总体上越倾向于选择股权式联盟，并且联盟绩效提升幅度大于契约式；分工越明确，总体上越倾向于选择契约式联盟，但联盟绩效提升幅度低于股权式；资源依赖性越强，总体上越倾向于选择股权式联盟，且联盟绩效提升幅度大于契约式；联盟经验越丰富，总体上越倾向于选择契约式联盟，但绩效提升幅度低于股权式；资源投入越多，总体上越倾向于选择契约式联盟，且绩效提升幅度大于股权式；竞争强度越高，总体上越倾向于选择契约式联盟，且绩效提升幅度大于股权式；交易成本越高，总体上越倾向于选择股权式联盟，且绩效提升幅度高于契约式；风险感知越强，总体上越倾向于选择契约式联盟，且绩效提升幅度大于股权式。总的来看，农产品渠道联盟偏好于契约式，且影响因素与联盟模式的匹配会提高联盟绩效。表4-5还显示，在农产品渠道联盟领域，影响联盟模式选择最主要因素是资源依赖性（它的总效应最大），这说明，决定农产品渠道联盟选择何种模式主要取决于双方的资源依赖程度。这和我国农产品营销现状基本相符。由于我国农产品渠道联盟还处于探索阶段，农产品渠道成员间构建联盟关系主要目的之一是取得自身稀缺的资源，因此，选择何种模式受到对方资源的依赖程度的影响较大。

六 结论、创新点与研究局限

通过以上实证分析可以得出如下结论：

第一，在农产品渠道联盟领域，交易特征因素、交易成本和风险感知都（直接或间接）显著地影响联盟模式选择和联盟绩效，但交易特征因素中的资源依赖因素对联盟模式选择的影响程度要大于其他因素。在中介变量中，风险感知成为影响联盟模式选择的主要因素，其中风险感知越高则管理者越偏向于选择契约式联盟，风险感知越低则越偏向于选择股权式联盟。

第二，农产品渠道联盟组建过程中，联盟成员必须注重自身所面临的交易环境特点、资源投入状况、竞争（伙伴间和行业）状况。同时，交易特征、资源投入和竞争程度必须与联盟模式匹配才能够提升联盟绩效。

第三，在农产品领域，影响联盟模式选择最主要因素是资源依赖程度，资源因素成为影响农产品渠道联盟模式选择和绩效的关键因素，可能原因是由于我国对农业企业投入过少进而企业渠道建设投入过低造成的，这就要求政府加大对农业企业扶持力度，农业企业也要把握渠道发展的趋势，加大对渠道建设的投入和加强渠道成员之间的协作。

本书把资源投入、交易特征、风险、竞争等因素纳入一个体系，从营销渠道视角研究其对联盟模式选择和联盟绩效的影响，并在农产品领域进行实证，这是本书的一个创新点。

本书的局限在于：首先，量表的选择大多来自非农行业的研究，某些问项还需要进一步的修正，使其符合农产品渠道特点。其次，本书把风险感知当作一个整体变量来进行研究，然而，关系风险和绩效风险分别会对联盟模式选择产生怎样的影响，本书却没有涉及。最后，本书的研究对象是农业企业渠道间的联盟，而作为渠道链条中的上游环节——农户、合作社与农业企业间的渠道联盟模式选择还有待进一步研究。最后，此次调查数据都来自地区性农业企业，结论的一般性还需再次检验。

本章小结

本章主要从理论和实证上研究了我国农产品渠道联盟结构模式的选择

问题,为构建我国农产品渠道联盟提供理论基础和实证支撑。

首先,通过构建基于依赖和控制程度的联盟结构模式选择模型,从理论上分析农产品联盟结构模式的选择问题,得出结论:当联盟主体处于强对称依赖时,具有强对称控制要求,易采用合资企业式联盟;当联盟主体处于强非对称依赖时,易采用相互持股式联盟;当联盟主体处于弱非对称依赖时,易采用契约式联盟;当联盟主体处于弱对称依赖时,则不联盟。

其次,通过构建农产品渠道联盟结构模式选择概念模型,从实证角度分析影响农产品渠道联盟结构模式选择的因素及不同联盟结构模式与联盟绩效的关系,结果显示:资源依赖程度是影响农产品联盟结构模式选择最主要的因素,但交易成本和风险感知也显著地影响农产品联盟结构模式选择,在农产品渠道联盟结构模式选择过程中,分析自身面临的交易环境特点、资源投入状况、竞争(伙伴间)状况是决定选择何种联盟结构模式的关键。同时,交易特征、资源投入和竞争程度必须与联盟结构模式匹配才能够提升联盟绩效。

第五章 农产品营销渠道联盟运行机制

第一节 农产品营销渠道联盟运行机制内涵

农产品渠道联盟运行机制是指在渠道联盟的整个运行过程中，各渠道成员间相互联系、相互作用所产生的促进、维持、制约联盟组织运行的内在工作方式。

农产品渠道联盟作为一种在竞争合作的市场环境下，由农产品渠道链条上一些相互独立的渠道成员（主要是农户/合作社、核心企业，分销商等）在致力于相互信任和共同长远目标的基础上，为实现某一共同目标而结成的一种具有"战略合作关系"的分销网络利益共同体，其基本运行目标是"合作共赢"，合作机制是农产品渠道联盟有效运行的基本机制。它主要包括信息共享机制、利益分配机制、信任机制和监督约束机制。其中，信息共享机制是基础，利益分配机制和信任机制是核心，监督约束机制是保障（见图 5-1）。

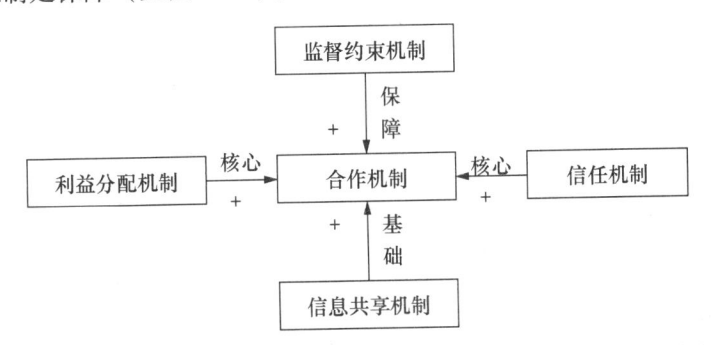

图 5-1 农产品渠道联盟运行机制关系（图中"+"表示对合作有正向促进）

第二节 农产品营销渠道联盟信息共享机制

一 农产品营销渠道联盟信息共享的内涵与特点

农产品渠道联盟中的信息是指有利于促进联盟合作的与农产品生产、经营、销售有关的信息（比如订单信息、生产计划信息、库存信息、销售信息、需求和预测信息等[①]）的总称，它是农情和商情的综合反映。它不但具有信息的一般特征，如客观性、有价性、时效性、传播性和可加工性等，还具有季节性、区域性、渗透性和分散性等独有特征。

农产品渠道联盟信息共享是指相互合作的渠道成员间在上述信息的交流与共用，以便更加合理地达到合理配置资源，节约交易成本，创造更多收益的目的。农产品渠道联盟信息共享是提高信息资源利用率，避免在信息采集、存贮和管理上重复浪费的一个重要手段，它具有开放性、集成性和动态性等特点（于涵，2008）。

（1）开放性。农产品营销渠道联盟信息共享是一种跨越了组织界限的信息资源共享方式，各决策单元决策的信息资源皆来自成员的内部与外部，并与其他成员进行共享，形成开放性的信息系统。

（2）集成性。农产品营销渠道联盟信息共享是不同信息源（不同组织、部门、不同区域）的信息集成，从价值链的角度来讲，它不仅包括生产环节的信息（如初级农产品的种植、生产信息），分销环节的信息（如运输、销售等信息），而且还包括外部环境的信息（如市场、供应、交通等信息）甚至消费者信息。这就要求合作成员要通过现代化的信息传递工具（比如 Intranet/Internet、EDI 等）把分布在不同信息源和不同环节上的信息有机地集成与协调，进而提高合作效率。

（3）动态性。农产品营销渠道联盟信息共享具有动态性，它是市场需求变化的结果。因此，为适应不断变化的市场需求，共享的信息要随市场需求的变化而不断更新。这就要求，在合作中，成员间应通过选择适当

[①] 这里的信息只是影响联盟运行的信息，而非成员全部的信息，更不包括成员的机密信息。

的技术随时传递共享信息，以保持信息的时效性，进而实现合作的敏捷性和柔性。

二 农产品营销渠道联盟中信息共享的作用

已有研究揭示，渠道成员信息共享可以提高生产商及供应商利润水平，增加消费者的效应（王能民等，2005）。钟哲辉、张殿业（2009）的研究认为，供应链相邻节点企业采取物流信息不共享策略时，供应链在各节点企业的收益会逐渐下降，信息不共享使得供应链处于"内耗"状态，增大供应链物流信息共享率，可以提高供应链的总体收益。

农产品渠道联盟作为农产品渠道关系发展的高级形态，通过有效的信息共享，可以使渠道成员增进相互交流、保持协调一致、做出有效的市场预测、提高市场反应速度、以更大的竞争优势达到整个联盟利益最大化的目标，最终实现各成员的特定目标和利益。具体来说，农产品渠道联盟中信息共享有如下几方面的作用。

（一）信息共享为农产品渠道联盟成功运作奠定了基础

从现有对战略联盟研究来看，在联盟合作中，每一个合作成员的利益最大化，并不一定带来整个联盟的效益最大化，往往由于隐藏或者歪曲的信息而大大影响联盟整体运作水平及竞争力的提高（陈原，2007）。因此，为了减少信息不完全所带来的风险，提高联盟的竞争优势，必须要求联盟中各个成员对自己所拥有的信息在一定范围内、一定程度上实现共享。这是联盟成员间进行充分合作的基础（张爽，2007）。

农产品渠道联盟中各成员也是以信息作为沟通的渠道的，信息顺畅地流通是农产品渠道联盟成功运作的关键。构建农产品渠道联盟信息共享机制可以减少信息的不确定性和信息传递过程中的信息时延和信息失真，降低委托—代理机制带来的信息风险，弱化甚至消除渠道成员间彼此的分歧和冲突，从而统一各成员的目标以提高农产品渠道联盟整体的竞争力。信息共享是农产品渠道联盟成功运作的基础。

（二）信息共享有效地促进了农产品联盟成员间合作水平的提高

参与农产品渠道联盟强调合作、信任和建立伙伴关系。但是，联盟中的相互信任与合作不会从天而降，它需要所有成员的共同努力，信息共享意味着各个成员将各自原本属于私有的信息拿出来与其他伙伴分享，这本身就是一种对信任与合作的承诺。当联盟中所有成员都能够做出这种承诺时，就意味着它们愿意共担风险，共享收益，显示了合作的诚意与勇气。因此，信息共享将促进联盟成员之间的相互信任，促进合作水平的提高。

（三）信息共享有利于实现农产品渠道联盟的聚合效应

通过成员间的信息共享，能够加深联盟成员的相互了解，使成员明了自己的优势与缺陷，进而做到取长补短，优势互补，进而实现联盟内各个成员核心能力和优势的充分整合，能够实现"1+1>2"的协同效应。

（四）信息共享有利于实现农产品消费者的满意

通过信息共享，市场需求的真实信息将由最靠近市场、最了解用户需求的零售商处向渠道上游传递，这使得渠道中各个环节的生产、销售及计划信息能够保持透明，各个成员的竞争优势将能充分地体现。因此，联盟中的农户，核心企业和分销商各个决策主体便能以用户需求为驱动，做出更为准确合理的决策，在降低整个渠道运营成本的同时最大限度地实现农产品消费者满意。

三 农产品营销渠道联盟信息共享价值的博弈分析

为了方便讨论，假定所讨论的农产品渠道联盟存在两个行为主体：一个上游供应商（比如农户或合作社），一个下游销售商（比如超市），且以下游销售商为核心。博弈是在它们两个渠道主体所形成的农产品渠道联盟间展开。

依据王彬（2008）和王能民（2005）的研究，假设下游销售商所面临的需求函数为：$p_2(q) = a - bq$，其中 p_2 为销售商所售卖的最终产品的价格，q 为消费者需求量（其中，$a>0$，$b>0$）。供应商与销售商的单位流通成本 $C_i(i=1,2$。$i=1$ 表示供应商；$i=2$ 表示销售商）随着自己可利用的技术信息 x_i 的增加而减小。

这里设：$C_i = C_{0i} - x_i$，$C_2 = C_{02} + p_1 - x_2$，$C_1 = C_{01} - x_1$，其中：p_1 为供应商对销售商的批发价；$x_i = x_{0i} + \Delta x_j$，$x_{0i}$ 是成员 i 自身拥有的信息，$\Delta x_j(0<\Delta x_j<1)$ 是成员 i 从成员 j 获得的信息（$j=1,2$ 且 $i \neq j$）。

基于上述假设，分别讨论两渠道联盟主体进行信息共享与不共享的利润水平。

（一）两者不进行信息共享

当不进行信息共享时，博弈是在销售商主导下进行的，具体过程为：第一阶段由销售商决定最终产品的市场价格及相应的销量；第二阶段由供应商决定销售商的进货价格及相应的供应量。对于销售商而言，其目标是谋求利润的最大化即$\max_{q,p_2}(\pi_2)$，其中，$\pi_2 = p_2 q - c_2$。为实现其目标必须满足：$\mathrm{d}\pi_2/\mathrm{d}q = 0$，求解可以得到最优$q_N^*$和最优$p_{2N}^*$分别为：

$$q_N^* = (a + x_{02} - C_{02} - p_1)/2b \tag{5.1}$$

$$p_{2N}^* = (a + C_{02} + p_1 - x_{02})/2 \tag{5.2}$$

在第二阶段，由供应商决策，对于供应商而言，目标是谋求利润最大化即$\max_{p_1}(\pi_1)$，要实现该目标则必须满足：$\mathrm{d}\pi_1/\mathrm{d}p_1 = 0$，求解可得供应商最优批发价：

$$p_{1N}^* = (a + x_{02} + C_{01} - C_{02} - x_{01})/2 \tag{5.3}$$

由（5.1）式、（5.2）式、（5.3）式，可求得供应商与销售商的利润π_{1N}^*、π_{2N}^*分别为：

$$\pi_{1N}^* = (a - C_{01} - C_{02} + x_{01} + x_{02})^2/8b \tag{5.4}$$

$$\pi_{2N}^* = (a - C_{01} - C_{02} + x_{01} + x_{02})^2/16b \tag{5.5}$$

（二）两者进行信息共享

当供应商与销售商进行信息共享时，假定通过协议供应商与销售商给予对方的信息相同，即：$\Delta x_i = \Delta x_j = \Delta x$，$\Delta x \in [0, \min(x_i, x_j)]$，按照上述求解的过程与方法可以得到在信息共享时的$q_Y^*$，$p_{1Y}^*$，$p_{2Y}^*$分别为：

$$q_Y^* = [a - (C_{02} - x_{02} + p_1 - \Delta x)]/2b \tag{5.6}$$

$$p_{1Y}^* = (a + x_{02} + C_{01} - x_{01})/2 \tag{5.7}$$

$$p_{2Y}^* = [a + (C_{02} - x_{02} + p_1 - \Delta x)]/2 \tag{5.8}$$

结合（5.6）式、（5.7）式、（5.8）式可求得供应商与销售商在信息共享时的利润π_{1Y}^*、π_{2Y}^*分别为：

$$\pi_{1Y}^* = (a - C_{01} - C_{02} + x_{01} + x_{02} + 2\Delta x)^2/8b \tag{5.9}$$

$$\pi_{2Y}^* = (a - C_{01} - C_{02} + x_{01} + x_{02} + 2\Delta x)^2/16b \tag{5.10}$$

由（5.4）式、（5.5）式、（5.9）式、（5.10）式可得供应商与销售商在进行信息共享前后的利润之差：$\Delta \pi_1$、$\Delta \pi_2$：

$$\Delta \pi_1 = \pi_{1Y}^* - \pi_{1N}^* = \frac{\Delta x^2}{2b} \tag{5.11}$$

$$\Delta \pi_2 = \pi_{2Y}^* - \pi_{2N}^* = \frac{\Delta x^2}{4b} \tag{5.12}$$

由（5.11）式、（5.12）式可知$\Delta \pi_1$，$\Delta \pi_2 > 0$。所以，农产品渠道联盟中，供应商与销售商进行信息共享可以提高其利润水平，即信息共享能提高参与信息共享的渠道成员的利润。

同理，用上述同样方法，还可求得在理性决策约束下信息共享还能够实现消费者效用和联盟整体利润水平的提高（王能民，2005），在此不再赘述。

四　农产品营销渠道联盟信息共享机制的构建

由于农产品渠道联盟信息共享的开放性、集成性、动态性特点以及信息共享对联盟整体收益的提升作用，因此，各合作主体能否在信息处理上达到协调和共享，就显得尤为重要。为了降低我国农产品渠道中的信息不对称和信息缺失问题，使农产品渠道联盟主体达到信息共享、高效协调的目的，构建一套完善的农产品渠道联盟信息共享机制①就显得尤为重要。

（一）构建农产品渠道联盟信息共享的激励机制

建立一个完善的信息共享机制，首先要从联盟最根本目的——"利益追求"——出发建立有效的激励机制，并通过激励措施的实施，保证信息质量的时效性、准确性、有效性。这里的激励机制包括：

（1）价格激励/折扣激励。比如针对合作社或分销商，在其与核心企业实现信息共享的初期，给予其适当的价格激励或折扣激励，增加其利润空间，提高其实现信息共享的动力。

（2）技术支持激励。在进行信息共享过程中，核心企业可以向技术实力相对弱小的分销商提供通用性技术支持，比如提供更为平价、人性化软件和信息平台，为不同信息系统的接入提供免费技术指导等。

（3）股权互换激励。股权互换激励是指联盟内各成员为了使信息共享所得利润能得到合理的分配而在一定程度上互换各自的股权，从而实现共享收益、共担风险。这种方式是在不影响各成员股权分配的情况下才能够实施的。通过股权互换能够使联盟中各成员的利益具有一致性，从而增加成员之间的信任程度，进而使信息共享变得更加容易，甚至还可以共享一些核心信息（王小丽，2006）。

（4）淘汰激励。为了使联盟的整体竞争力保持在一个比较高的水平上，联盟必须建立对盟员的淘汰机制，在淘汰激励机制下，联盟内的各成员为了自身免遭淘汰，就会增强与其他成员进行信息共享的动机，进而赢得与其他成员的合作（任晓，2008）。

---

① 信息共享机制是各合作成员之间以及成员与市场之间为实现信息的交流与共用所采取的信息组织方式和运行模式。

(二) 构建农产品渠道联盟信息共享保障机制

农产品渠道联盟信息共享的保障机制是共享管理活动中不可或缺的"要件",通过信息共享保障机制,构建一种有序、高效的运行环境,是农产品渠道联盟健康运转的必要条件。它主要包括投入保障机制,组织保障机制和技术保障机制。

(1) 投入保障机制。要促使农产品渠道联盟信息共享系统持续、高效运行,必须保证有足够的资金投入作支撑。这就要求农产品渠道联盟中的生产基地、核心企业、分销商应通过不同方式共同进行信息化投资,并分享信息化投资带来的收益。

(2) 组织保障机制。实现农产品渠道联盟信息共享,不仅需要足够资金投入作支撑,还需要一整套组织规范作保障。首先,构建农产品渠道联盟信息共享系统要在各方协调一致的基础上,建立协调机构,在协调一致和分工合作基础上实现信息资源共建共享。其次,要建立权责分明的管理制度和章程;明确各成员的管理权限和责任义务,在共享制度、规范和章程的保障下,实施组织管理,保证信息共享管理的正常秩序。

(3) 技术保障机制。除了投入保障机制和组织保障机制,实现农产品渠道联盟信息共享,还需要建立以信息技术为基础的技术保障机制,它主要包括信息共享技术的应用和信息共享模式的选择。

第一,信息共享技术的应用。信息共享技术的应用主要是通过对条形码技术 (BCT)、电子数据交换技术 (EDI)、XML 技术、无线射频识别技术 (RFID)、地理信息系统技术 (GLS)、全球定位系统技术 (GPS) 以及 CRM、MIS、ERP、SCM、EAI (企业应用集成)、Web Service 等系统的选择和应用,为实现信息共享提供技术层面的支撑。

第二,信息共享模式的选择。信息共享模式选择主要指成员间采用的信息传递结构来实现信息共享,一般包括点对点模式、信息中心模式和协同决策共享模式三种 (H. L. Lee, 2000;张修志等, 2007;孟园, 2008)。其中,协同决策共享模式通常以一个主要的信息平台为核心进行构建,适合于联盟模式下成员间的信息共享。目前国内各地物流园区和物流信息平台的建设,为实施这种模式提供了良好的现实依据。

为此,根据我国目前农产品渠道现状,可考虑通过信息技术将搜集到的各种信息置入一个信息共享平台①（主要包括综合信息平台和协同作业平台）或集成数据库中心，打造一个"农产品一流三网"系统②，以实现各个成员信息共享，并通过发展农产品电子商务③来强化成员间的业务往来，逐步建立成员间的信息共享机制。但在具体运行中要注意克服以下几个方面的障碍，一是协作上的障碍。即如何协调有些成员担心其拥有信息特别是自己的商业秘密的暴露使其在合作中处于不利地位、失去竞争优势，因而不愿意与其他成员进行信息共享的问题。二是技术上的障碍。即如何保证信息的标准化和安全性问题。

第三节 农产品营销渠道联盟利益分配机制

一 农产品营销渠道联盟利益分配的内涵与特点

农产品渠道联盟利益分配就是对农产品渠道联盟在运行期间内所共同创造的利润④按照一定的形式、比例和原则⑤，在各成员之间进行合理分配的过程。一个良好的联盟利益分配方案应满足这些条件：能够实现联盟合作总收益的合理分配；能够在各种动态的变化情况下仍然保证对成员的有效激励，即激励成员仍采取按联盟整体利益最大化规则行动；分配方案容易实施，并且能促进联盟的健康发展。农产品营销渠道联盟利益分配的特点如下：

（一）农产品渠道联盟利益分配是一个协商过程

农产品渠道联盟是由两个或多个独立的渠道成员组成的利益联合体，

---

① 因为一般公司、合作社、农户没有财力来建设信息平台，因此，政府应在信息平台建设方面应发挥主导作用（王凯，2004）。同时，信息平台建设应该把着力点放在信息的准确过滤和有效利用（如利用农产品标准化信息，指导农产品生产和加工）、信息交互和信息共享（如共享有关库存、销售、预测等信息，促进企业、分销商和农户间信息沟通）、由渠道单项业务活动信息化向整体业务活动信息化发展等更高的层面上（彭建仿，2007）。

② 即以信息流为中心，打造农产品供应资源网络和农产品配送资源网络，共同完成从农产品生产到农产品销售整个流程。

③ 电子商务是各参与方之间以电子方式而不是通过物理交换或直接物理接触完成的任何形式的业务交易。它一般包括 B2B 和 B2C 两种类型。

④ 从经济学的角度看，农产品渠道联盟利益分配的关键在于由于联盟的存在而多产生的高于各成员单独经营获得的利润，这部分利润的分配是整个利润分配的关键。

⑤ 这个原则通常包括：整体最优、平等互利、多劳多得、公开透明、个体理性、风险收益对等、收益分配结构最优等。

由于其规模、资源、能力等不同，必然会形成势力、地位和角色的差异。因此，农产品渠道联盟分配是一个各合作主体通过协商、谈判和讨价还价，来确定收益分配的模式或具体的分配方案的过程。

（二）农产品渠道联盟利益分配的优势递减规律

即由于对渠道联盟主导权（渠道权力）控制的大小不同[1]，从农产品分销商到农户，利益分配优势呈现递减的趋势，利益分配总体上向临近终端市场的环节倾斜。农户由于其在联盟中只拥有最小的主导权，是农产品渠道联盟中收益率最低者。因此，使农户结成联盟，提高其谈判力是增强利润分配优势的主要途径。

（三）农产品渠道联盟利益分配向龙头企业倾斜

由于农产品渠道联盟是在拥有核心资源或能力的核心企业主导下构建和运行的，核心企业对联盟的贡献及承担的风险一般大于成员企业，所以农产品渠道联盟利益分配会向拥有核心资源或能力而处于主导地位的核心企业倾斜。

二　农产品营销渠道联盟利益分配的影响因素

（一）成员的努力水平

由于在联盟合作中各成员的努力水平不能够被观察，存在机会主义行为，个别成员偷懒行为会影响到整个联盟收益和利益分配。因此，应通过一定的机制设计来约束个别成员的偷懒行为，提高各成员的努力水平。

（二）成员对联盟体的贡献度

一般来说，成员对联盟体贡献度与其收益成正比，影响这种贡献度的因素既包含有形投入（比如农户投入的土地、土地承包经营权、劳力、农产品等；龙头企业和分销商投入的资金、生产设施等），也包括无形投入（比如市场信息、专利、品牌、企业形象、管理等）。

（三）成员在联盟中的地位

成员在联盟中的地位越独特、越重要，对整个联盟的贡献越大，其所获收益也就应越多。一般来说，核心企业在联盟利益分配中占有优势的地位。

（四）成员在联盟中所承担的风险

一般来说，收益是和风险成正比的，利益是对承担风险的"补偿"。

---

[1]　一般来说，农户、龙头企业、销售商的权力顺序是：销售商＞龙头企业＞农户。

承担风险越多,得到收益就应该越多。

(五) 成员的议价能力

农产品渠道联盟利益分配方案主要体现在渠道成员间议价之后所签订的契约中,当某成员的综合实力强,在联盟中占据主导和控制地位,其议价的能力就会高,分得的收益就会多(杜红梅,2010)。

三 农产品营销渠道联盟利益分配模式

(一) 产出分享模式

产出分享模式是考虑了风险和收益的一种分配模式,通常是某一联盟成员按照一定的分配比例(系数)从联盟总收益中分得的一部分收益。比如实践中常用的"收益/风险分配模型"(刘晓君、曾丽娟,2006)。

(二) 固定支付模式

固定支付模式指根据事先设定的制度,并考虑成员所承担的任务和风险,核心企业从联盟总收益中支付给成员一个固定报酬(可以一次性支付,也可以分期支付),而核心企业享有其余全部剩余,同时也承担全部风险(陈菊红、汪应洛、孙林岩,2002)。

(三) 混合模式

混合模式是上述两种模式的整合,这种将利益分配与成员对联盟的贡献以及所承担的风险结合起来的模式更多地体现了联盟利益分配的特点,能有效地激发联盟成员的积极性,提高合作意愿,在实际中比较常见。

四 农产品营销渠道联盟利益分配模型

因为农产品渠道联盟的利益分配实际是在核心企业主导下的各成员间的博弈过程,类似于非对称信息下以核心企业为盟主的序列博弈(Stackelberg 博弈)。[①]

(一) 模型假设

(1) 假定盟员企业[②]的努力水平是一维的,设为 t_C,$t_C \in A$(A 表示盟员企业努力水平的集合),相应的努力性成本为 $C_C(t_C)$,且 $C'_C(t_C) >$

[①] 目前,有关利益分配的模型主要有收益/风险分配模型、斯塔克尔伯格(Stackelberg)模型、纳什(Nash)谈判模型、简化的 MCRS 模型和群体重心模型等(叶飞、郭东风,2000)。这里之所以选择斯塔克尔伯格模型,这是由农产品渠道联盟利益分配的特点——核心企业主导——决定的。

[②] 为了研究问题的方便及更能体现农产品渠道联盟的本质,我们把农户也纳入盟员企业范畴,尽管农户不具有法律意义上的企业性质。

0，$C''_C(t_C)>0$，即努力程度增加，则努力性成本增加，且增速加快。同理，设核心企业努力水平为 t_G，相应的努力性成本为 $C_G(t_G)$，且 $C'_G(t_G)>0$，$C''_G(t_G)>0$。

（2）设渠道联盟在合作期内创造的总收益为：$R = f_G(t_G) + f_C(t_C) + \varepsilon$，其中 $f_G(t_G)$ 和 $f_C(t_C)$ 分别为核心企业和盟员企业对总收益的贡献，且 $f'_G(t_G)>0$，$f''_G(t_G)<0$，$f'_C(t_C)>0$，$f''_C(t_C)<0$，ε 是不受龙头企业和盟员企业控制的外生随机变量，$\varepsilon \sim N(0, \sigma^2)$。其中 σ^2 反映了联盟收益的波动，它主要受市场风险的影响。

（3）假定盟员企业享有线性分成计划，所以盟员企业的收益分配为：$S = S_0 + \beta R (0 \leq \beta \leq 1)$，其中，$S_0$ 为盟员企业固定报酬，可以理解为市场保护价下盟员企业的所得。

（4）渠道联盟成员间是信息不对称的，t_G、t_C 具有不可证实性，故 $f_G(t_G)$ 和 $f_C(t_C)$ 也具有不可证实性。

（5）设核心企业所得利润为 $\pi = R - C_G(t_G) - S$，相应的效用函数为 $V(\pi)$。盟员企业所得利润为 $w = S - C_C(t_C)$，相应的效用函数为 $U(w)$。

（6）假定核心企业是风险中性，盟员企业风险规避。

（二）模型建立

设盟员企业的保留收入为 w_0，相应的保留效用为 $U(w_0)$。根据斯塔克尔伯格博弈思想，则农产品渠道联盟利润分配一般模型可描述如下：

$$\max_{t_G, t_C} E[V(R - C_G(t_G) - S)]$$
$$\text{s.t. } E[U(S - C_C(t_C))] \geq U(w_0) \quad (IC) \tag{5.13}$$
$$\max_{t_C} E[U(S - C_C(t_C))] \quad (IR)$$

考虑盟员企业风险规避因素，并假定盟员企业效用函数具有绝对的风险规避特征，即 $U_C = -e^{-\rho w}$，w 为实际收入，ρ 为盟员企业的风险规避系数，则盟员企业的风险成本为：$C_C^R(w) = \frac{1}{2}\rho\beta^2 \text{Var}(S) = \frac{1}{2}\rho\beta^2\sigma^2$。

于是上述一般模型（5.13）的等价确定型形式为：

$$\max_{t_G, s_0, \beta}\{(1-\beta)[f_G(t_G) + f_C(t_C) - C_G(t_G) - S_0]\} \tag{5.14}$$

$$\text{s.t. } S_0 + \beta[f_G(t_G) + f_C(t_C)] - \frac{1}{2}\rho\beta^2\sigma^2 - C_C(t_C) \geq W_0 \tag{5.15}$$

$$t_C \in \arg\max\{S_0 + \beta[f_G(t_G) + f_C(t_C)] - \frac{1}{2}\rho\beta^2\sigma^2 - C_C(t_C)\} \tag{5.16}$$

(三) 模型分析

由于盟员企业的努力水平 t_C 不可观察,因此,(5.16) 式对 t_C 求极值可得:

$$\beta f'_C(t_C) = C'_C(t_C) \tag{5.17}$$

将 (5.15) 式中 S_0 代入 (5.14) 式,结合 (5.17) 式并对 β 求导,可得:

$$\rho\beta\sigma^2 = (1-\beta)f'_C(t_C)\frac{\partial t_C}{\partial \beta} \tag{5.18}$$

(1) 分成系数 (β) 与努力程度 (t_C) 的关系。

由 (5.17) 式对 β 求导可得: $\dfrac{\partial t_C}{\partial \beta} = \dfrac{f'_C(t_C)}{C''_C(t_C) - \beta f''_C(t_C)}$,因为 $\beta > 0$,$f'_C(t_C) > 0$,$f''_C(t_C) < 0$,$C''_C(t_C) > 0$,故 $\dfrac{\partial t_C}{\partial \beta} > 0$,盟员企业的努力性水平随着分成系数 β 的增大而增大,如果 $\beta = 0$,由 (5.16) 式可得只有 $C_C(t_C)$ 最小,而 $C'_C(t_C) > 0$,那么只有盟员企业的努力水平 $t_C = 0$。也就是说,如果事前合同中盟员企业收益不与联盟总收益挂钩 ($\beta = 0$),则合作过程中盟员企业不会作出自己的努力。

(2) 分成系数 (β) 与风险规避度 (ρ) 和市场风险 σ^2 的关系。

由式 (5.18) 可知:

$$\beta = \frac{f'_C(t_C)\dfrac{\partial t_C}{\partial \beta}}{\rho\sigma^2 + f'_C(t_C)\dfrac{\partial t_C}{\partial \beta}} \tag{5.19}$$

从 (5.19) 式可以看出,盟员企业的风险规避度 ρ 越大,盟员企业要求的利益分成比例 β 越小,也就是说,如果盟员企业越是风险规避的,核心企业给它的分成比例就越小。还可以看出,市场风险 σ^2 越大,盟员企业的利益分成比例 β 越小,也就是说,联盟收益的波动越大,给盟员企业的分成比例就要越小。

(3) 分成系数 (β) 与盟员企业的边际贡献 $[f'_C(t_C)]$ 的关系。

由 (5.18) 式可知,$f'_C(t_C)$ 越大,β 越大,盟员企业要求的分成比例越多。这实际上代表了联盟的一个利益分配原则,即按照贡献大小分配。分配的标准就是边际贡献,按照边际贡献的大小进行利益分配保证了公平性。

(4) 核心企业和盟员企业存在利益冲突。

因为$\frac{\partial R}{\partial t_{G/C}}>0$，$\frac{\partial C}{\partial t_{G/C}}>0$同时存在，即存在核心企业与盟员企业在努力投入上的矛盾，渠道联盟中存在"天然"的利益冲突。

五 农产品营销渠道联盟利益分配策略

通过以上分析可知，农产品渠道联盟成员间存在"天然"的利益冲突，关键是找到一种科学合理的利益分配方法对利益冲突进行协调。农产品渠道联盟成员间的利益分配类似于多人合作对策的收益分配问题，可以用沙普利值法求解。

(一) 沙普利值法描述

沙普利值法的定义如下：设集合 $I=\{1, 2, 3, \cdots, n\}$，如果对于 I 的任一子集 S（表示 n 人集合中的任一组合）都对应着一个实值函数 $v(s)$，满足：

$$v(\varphi)=0 \tag{5.20}$$

$$v(s_1 \cup s_2) \geq v(s_1)+v(s_2), s_1 \cap s_2=\varphi, 且(s_1 \subseteq I, s_2 \subseteq I) \tag{5.21}$$

称 $[I,v]$ 为 n 人合作对策，v 称为对策的特征函数。

假定：x_i 表示 I 中 i 成员从合作收益 $v(I)$ 中应得到的一份收益。在合作 I 的基础下，$x=(x_1, x_2, \cdots, x_n)$ 表示合作对策的分配。显然，该合作成功必须满足如下条件：

$$\sum_{i=1}^{n} x_i = v(I) 且 x_i \geq v(i), i=1,2,\cdots,n \tag{5.22}$$

在上述前提下，合作 I 下的各个成员所得利益分配称为沙普利值，并记作：$\phi(v)=[\phi_1(v),\phi_2(v),\cdots,\phi_n(v)]$，其中 $\phi_i(v)$ 表示在合作 I 下第 i 成员所得的分配，可由下式求得：

$$\varphi_i(v) = \sum_{s \in s_i} w(/s/)[v(s)-v(s/i)], i=1,2,\cdots,n \tag{5.23}$$

$$w(/s/) = \frac{(n-/s/)!\ (/s/-1)!}{n!} \tag{5.24}$$

其中，s_i 表示：集合 I 中包含成员 i 的所有子集，$/s/$ 表示子集 S 中的元素个数，n 为集合 I 中的元素个数，$w(/s/)$ 可看成是加权因子。$v(s)$ 为子集 S 的效益，$v(s \setminus i)$ 表示子集 S 中除去成员 i 后可取得的效益。

(二) 修正的沙普利值法模型

由上可以看出，沙普利值法是假定成员所承担的风险一样，均为 $1/n$，但实际情况和上述假定大为不同，如果按照风险均分原则进行利益分配，那么对于风险规避者（比如农户和合作社）来说是不公平的，这样做的最终结果甚至可能会导致联盟合作的失败。

依据戴建华、薛恒新（2004）的研究，本书引入因子（ΔG）[①] 来对沙普利值法模型进行一定的修正。假定合作的总体收益为 $\varphi(v)$，在考虑均等影响的情况下的参与方的收益为 $\varphi_i(v)$。

设实际情况中联盟中单个成员分得的收益为 $\varphi_i(v)'$，其实际影响因素为 G_i，差值为：$\Delta G_i = G_i - \frac{1}{n}$，则 $\sum_{i=1}^{n} G_i = 1$，且 $\sum_{i=1}^{n} \Delta G_i = 0$。$\Delta G_i$ 表示了理论与实际的差值，即综合修正因子。于是，应该给予该成员的实际收益分配修正量为：$\Delta \varphi_i(v) = \varphi(v) \times \Delta G_i$，则实际分配利益为：$\varphi_i(v)' = \varphi_i(v) + \Delta \varphi_i(v)$，具体修正方案为：

（1）当 $\Delta G_i \geq 0$ 时，表示成员在实际合作中承担的风险比理想情况下要高，于是，应该分得更多的收益，收益增值为：$\Delta \varphi_i(v) = \varphi(v) \times \Delta G_i$，即，该成员实际分得利益为：$\varphi_i(v)' = \varphi_i(v) + \Delta \varphi_i(v)$。

（2）当 $\Delta G_i \leq 0$ 时，表示成员在实际合作中承担的风险比理想情况下低，于是，应从原来分得的收益中扣除相应的部分：$\Delta \varphi_i(v) = \varphi(v) \times |\Delta G_i|$，即该成员实际分得的利益为：$\varphi_i(v)' = \varphi_i(v) - \Delta \varphi_i(v)$。

（三）基于修正因子的沙普利值法的应用算例

依据孙世民、张吉国、王继永（2004）的研究，现假定由一个养猪场，一个屠宰加工企业和一个超市组成的农产品渠道联盟，记集合 $I = \{1, 2, 3\}$。养猪场，屠宰加工企业和超市的合作收益，如表 5-1 所示。

表 5-1 养猪场、屠宰加工企业、超市组成的农产品渠道联盟合作收益

单位：万元

	子集收益		
	养猪场1	屠宰加工企业2	超市3
养猪场1	8	32	26
屠宰加工企业2	32	10	33
超市3	26	33	12
	农户、加工企业和超市三者联盟，合作收益为60		

资料来源：孙世民、张吉国、王继永：《基于沙普利值法和理想点原理的优质猪肉供应链合作伙伴利益分配研究》，《运筹与管理》2008年第6期。

---

① 因子（ΔG）是综合了农产品渠道中成员努力水平及面临的风险等因素的影响而计算产生的修正系数。

利用 (5.23) 式和 (5.24) 式，计算养猪场的利益分配 $\varphi_1(v)$ 如表 5-2 所示。

表5-2　　　　　　　　养猪场利益分配 $\varphi_1(v)$ 的计算

	1	1∪2	1∪3	1∪2∪3
$v(s)$	8	32	26	60
$v(s\setminus 1)$	0	10	12	33
$v(s)-v(s\setminus 1)$	8	22	14	27
$|s|$	1	2	2	3
$w(|s|)$	1/3	1/6	1/6	1/3
$w(|s|)[v(s)-v(s\setminus 1)]$	8/3	11/3	7/3	9

资料来源：孙世民、张吉国、王继永：《基于沙普利值法和理想点原理的优质猪肉供应链合作伙伴利益分配研究》，《运筹与管理》2008年第6期。

将表5-2末行数据相加，得到养猪场的利益分配为 $\varphi_1(v)=17.67$（万元）。同理，得到屠宰加工企业的利益分配为 $\varphi_2(v)=22.17$（万元），超市的利益分配为 $\varphi_3(v)=20.16$（万元）。容易验证，上述利益分配方案满足 (5.21) 式表示的特征函数和 (5.22) 式表示的合作成功条件。其中，屠宰加工企业收益最大，超市次之，养猪场收益最小，符合猪肉产品渠道的现实特点。

现在考虑修正因子影响。假定综合影响因素为：$G_1=0.35$，$G_2=0.45$，$G_3=0.2$，可以计算出：$\Delta G_1=0.02$，$\Delta G_2=0.12$，$\Delta G_3=-\frac{2}{15}$，从而可计算养猪场、屠宰加工企业、超市实际利益分配为：$\varphi_1(v)'=18.87$（万元），$\varphi_2(v)'=29.37$（万元），$\varphi_3(v)'=12.16$（万元）（见表5-3）。

表5-3　养猪场、屠宰加工企业、超市组成的农产品渠道联盟实际利益分配

	$\varphi_i(v)$	G_i	ΔG_i	$\varphi(v)$	利益修正量	实际利益分配
养猪场1	17.67	0.35	0.02		1.2	18.87
屠宰加工企业2	22.17	0.45	0.12	60	7.2	29.37
超市3	20.16	0.20	2/15		-8	12.16

容易验证，修正后的实际利益分配方案仍满足（5.22）式所示的合作成功条件。从表 5-3 可以看出，通过改进沙普利值法，养猪场和屠宰加工企业的实际利益提高了，超市收益有所下降，这既与关于修正因子的测度值有关，也较好地反映了猪肉产品渠道的现实状况：养猪场和屠宰加工企业承担的风险比超市大，且养殖环节和屠宰加工环节带来的价值增值[即边际贡献 $f'(t)$]明显高于销售环节，因而其分得的收益也就会增多。

六 农产品营销渠道联盟利益分配机制的构建

由上述分析可知，农产品渠道联盟利益分配主要受成员努力程度、边际贡献大小、风险规避程度、市场风险大小等因素影响，联盟合作创造的利润需要在关注风险、贡献和努力程度的条件下进行合理分配，但在分配这一收益的过程中，常常会由于联盟利益分配的不平衡性、不确定性以及成员对联盟收益的分配认知的不一致性[1]而产生矛盾和冲突，解决这一矛盾和冲突的根本措施，就是要建立科学合理的利益分配机制。建立科学合理的利益分配机制不仅能够调动参与方的积极性和主动性，使联盟的整体目标和成员个体目标趋于一致，维护联盟的稳定，还可以实现各联盟成资源的有效配置，提高渠道联盟资源的利用效率，并更好地满足消费者的需求。科学合理的利益分配机制是农产品渠道联盟持久存在的重要基础，是维持农产品渠道联盟存在和稳定发展的关键。构建科学合理的农产品渠道联盟利益分配机制，应包含以下内容。

（一）规范核心企业的行为

农产品渠道联盟的是在核心企业主导下运行的，核心企业是渠道联盟的主体，渠道联盟利益分配的科学、合理与否，很大程度取决于核心企业的行为。为此：

首先，要推选具有一定的规模和影响力、有较强的产品和市场开拓能力、有较好的商业信誉、能带动农户从事专业化生产或销售的核心企业作为农产品渠道联盟的盟主，这是建立科学合理的利益分配机制的基础。

---

[1] 不平衡性、不确定性和对联盟收益分配认知不一致性是联盟利益分配的显著特点。不平衡性是指联盟实现的收益可能只会表现在一部分成员身上，从而在成员中产生付出与获得之间的不平衡性。不确定性是指联盟利益的实现和分配受到快速变化的环境因素、市场因素和内部因素的影响，具有很大的不确定性。认知不一致性是指联盟成员由于自身所处的环境、在联盟中的地位、企业文化、价值观、掌握的信息等多方面不同，对同一问题的处理办法也会不同，同时，各个成员都会以自身利益最大化为首要目标，因此，对联盟收益的分配认知具有不一致性（丁霞，2006）。

其次，必须明确核心企业建立渠道联盟的基本任务和目标，且其经营活动和财务状况应当向盟员公开，同时约定第三方机构有权对其经营和业务进行考察和审计。

再次，要通过合同、契约等法律文书的形式使核心企业与盟员之间的利益分配机制规范化、制度化，保护各联盟主体的正当权益。

最后，要实施核心企业退出机制。对那些在联盟运作中出现的抗风险能力低、内部经营管理不善导致市场竞争和生存能力不强的核心企业，要实施优胜劣汰的退出机制，通过实施核心企业退出机制，迫使核心企业不断提高自己的生存和竞争能力，从而增强其履约能力，避免对其他渠道成员带来损害。

(二) 以联盟整体收益最优为准则

联盟整体收益最优是利益分配的基本前提，联盟成员间要在核心企业的主导下围绕联盟的总目标协同一致地开展工作，核心企业要加强与其他成员的沟通与交流，使其他成员树立整体意识、风险意识、共同创造价值意识，并以关系导向来协调成员之间的合作，降低流通成本，提高渠道效率，发挥联盟的协同优势，以实现联盟整体收益最优。

(三) 体现按成员的努力程度、边际贡献大小、风险规避程度、市场风险大小等进行分配的原则

成员的努力性水平越高，其分得的利益也就越多；所愿承担风险越小，其从联盟中分得的利益也就越低；边际贡献 $f'(t)$ 越大，其分得的利益也就越多。

(四) 以公平有效的农产品渠道联盟绩效评价体系为支撑

建立公平有效的农产品渠道联盟绩效评价体系，可以清楚地认识联盟中各成员自身的资本为整个渠道联盟带来收益所起到的促进作用，明确分辨各成员在整个渠道联盟获利过程中所做出的贡献，从而能够以此为依据，更加公平有效地进行利益分配。

(五) 注意对农户利益的保护

这是构建农产品渠道联盟科学合理的利益分配机制中最为重要的内容，主要体现在核心企业与农户之间利益分配关系上。[①]

[①] 这里所指的农户与核心企业之间利益分配主要指农户与农产品批发商，加工、营销企业，超市等之间的利益分配，而不包括农户与合作社（代表农户自身）之间的利益分配。

(1) 明确核心企业与农户间的利益分配原则。农户和核心企业利益分配应体现以下几个原则：农户与核心企业利益权利平等的原则；让农户合理得利、反哺农业的原则；增加积累，壮大核心企业的原则；有利于农户、核心企业总体利益最大化的原则等（尹成杰，1998）。

(2) 完善农户和核心企业间的利益分配模式。从构建农产品渠道联盟视角来看，完善农户和核心企业间的利益分配，核心就是大力发展以返利型和合作型为主的利益分配模式。[①]

返利型利益分配模式，是指核心企业拿出一部分加工、流通环节利润按照一定的标准返还给农户，使农户获得平均利润，变过去农户的单纯提供原料者地位为平等的合作伙伴，以促进了合作关系的稳定。

合作型利益分配模式主要有两种形式。一种是农户和核心企业间实行股份制或股份合作制。农户可以产品、地使用权、承包权以及劳动、技术、资金等要素入股，在核心企业中拥有股份，参与经营、管理、监督和分红，变过去的契约联结、服务联结为资产、资本联结，以形成"利益共享、风险共担"的利益共同体。这种模式保证了农户以农业生产者和企业股东的双重身份获得农产品从生产到销售全过程（联合体）的利润，较好地保护了农户的利益。一种是农户和核心企业间实行一体化公司制。即核心企业把农户纳入企业内部，使之成为农业产业工人，农户成为企业的员工和农产品生产的第一车间，企业与农户之间形成紧密型的利益联结关系。这种模式较好地解决了传统渠道中利益合作机制不稳定的矛盾，最大限度地保护了农户利益。山东龙大集团的"公司+农场（养殖场）+农业工人"的农业产业化利益分配模式就是很好的例证。

(3) 建立农户和核心企业间的风险保障基金制度。由于农户抵御自然风险、市场风险的能力相对薄弱，因此，可考虑建立风险保障基金制度，风险保障基金可采取"企业提一块，政府补一块，农户提一点"的办法筹集（郭红东，2000）。与此同时，要积极发展合作保险和专门保险企业，将部分市场风险转嫁给保险公司，从而弱化自然风险、市场风险对农户利益的冲击。另外，还可以通过支持核心企业实施预付定金、反租倒

[①] 目前，农户和企业间的利益分配模式主要有：买断型、保护型、服务型、返利型和合作型（尹成杰，1998）。从实践来看，买断型、保护型、服务型的利益分配模式都没有真正使农户和企业结为"利益共同体"，利益分配呈现出不平衡性、不确定性的特点。

包、免费扶持①等方式来保护农户的利益。

（4）大力发展农业合作组织。在市场经济中，利益获取能力的强弱与组织化程度正相关。分散的农户因其规模小、实力弱，在核心企业主导下的联盟中很难获得与对手平等的谈判地位，利益也难以得到有效保障。合作组织作为农户的合作组织，首先，其整体实力与规模大大高于单个农户，从而更加靠近与核心企业合作的对等区间；其次，由于合作组织组建的专业性，某种特定农产品或某个特定地理空间内只有一个或为数不多的合作组织，增加了核心企业合作对象的稀缺性，从而在某种程度上增加了核心企业对其的依赖（张闯，2005），这就可在一定程度上增强农户在联盟中的谈判力，抵御核心企业对农民利益的侵蚀，进而有效保证农户在联盟合作中的收益。

第四节 农产品营销渠道联盟信任机制

信任是合作关系中的一项战略性资产，良好的信任关系可以减少联盟失败的风险，提高联盟绩效水平（王富华、梁辉，2009）。

Preet 等（1996）研究了战略联盟伙伴关系的事后行为方式，认为信任是最重要的行为要素。Cullen 等（2000）认为，企业间的相互信任和承诺是联盟存在的基础。信任的增长有时甚至可以取代权力的控制（Birnbirg，1998）。因此，从一定意义上说，信任机制是农产品渠道联盟有效运行的核心。

一 农产品营销渠道联盟中信任的内涵

"信任"原是心理学概念，后来被引入经济学、管理学领域，其基本含义是说一方愿意放弃控制手段，而相信另一方会自觉做出对自己有利的事情（Mayer, David and Schoorman, 1995）。

Sako（1992）把信任分为契约型信任、能力型信任和善意型信任。巴尼和汉森（Barney and Hansen, 1994）指出，信任包含低度信任、中度信任和高度信任这三种不同程度的信任。多尼和坎农（Doney and Can-

---

① 比如，蒙牛专门成立奶农培训中心、流动化验室和奶牛繁育中心，扶持奶农提高原奶的数量和质量，提升奶农养殖奶牛的效益。

non, 1997) 指出, 信任包括对特定组织的信任和对特定个人的信任。哈梅尔斯 (Hummels, 2001) 把信任分为基于过程的信任、基于制度的信任、基于特征的信任、基于价值的信任。孟韬 (2007) 把信任分为特质型、过程型、制度型、人际型、了解型和契约型六种类型。许晓晖、张立峰、张伟 (2009) 将信任分为理性型信任和社会型信任两种。

根据以上对信任内涵的论述，农产品渠道联盟中信任是指：农产品渠道联盟成员对核心企业公正维护联盟秩序、所有成员不存在通过各种手段损害其他成员利益的机会主义行为、所有成员风险共担、利益共享的预期和信心。这种预期和信心使他们在面对未来不确定性情况下，相信其他成员能够履行义务、恪守承诺。农产品渠道联盟信任是基于个体相互信任基础上的群体信任，具有群体传递性、脆弱性[①]、差异性[②]、不对称性[③]、对象性、风险性[④]等特点 (王笑, 2005; 李娜, 2007)。

二 农产品营销渠道联盟中信任的作用

农产品渠道联盟作为一种相互合作的网络组织，它的形成与成功运作是建立在信任基础上的，信任是这种网络组织的基本运作机制和治理工具，是农产品渠道联盟成员间互动合作和取得协同效应的基础。农产品渠道联盟中的信任对增强渠道主体间合作的灵活性，强化联盟成员的自动履约，降低成员间的交易成本，减少合作中的冲突以及保持联盟关系的稳定具有重要作用。

(一) 有助于增强农产品渠道联盟成员间的合作灵活性

首先，信任意味着承诺非正式的理解，意味着超越合同之上的灵活性。这种灵活性减少了成员在应付突发事件中的相互推脱 (邵炜, 2006)。

其次，信任的建立可避免渠道联盟中管理的僵化，打破旧有的依靠组织结构的层级式管理，从而促使参与各方以更灵活的方式相互调整彼此的合作方式。

---

① 成员间的信任是逐步建立的，但这种信任是可以快速消失的，而且一旦信任消失，重新建立则需要相当长时间 (高映红、何沙、苏燕平, 2002)。
② 从完全信任到完全不信任，有不同的程度。
③ 表现为在单向的信任关系中，信任者和被信任者的地位是不平等的。
④ 即各成员以有限理性代替完全理性，以默契代替契约，以感情代替程序，一旦合作中出现信任危机，其所带来的损失将远远大于彼此信赖时所能产生的收益。

最后，信任通过提高合作的柔性，增强在不可预测的事件发生时的双方责任感，与事先预测、依靠权威或进行谈判等手段相比，成员之间的相互信任可以更快、更经济地减少联盟内部的复杂性与不确定性。①

(二) 有助于督促农产品渠道联盟成员间的自动履约

农产品渠道联盟信任机制的建立，有效地规避了合同控制这种强制性机制所不能完全消除的合作风险，在交易关系中创造了自我约束的力量，使得渠道成员机会主义行为（主要是逆向选择和道德风险）大大减少。同时由于信任机制的作用，农产品渠道成员间会表现出对彼此意图和行为的高度信心，并引致成员间的自愿合作行为，产生超越合同的理解，从而督促农产品渠道联盟成员的自动履约（赵阳，2009）。N. L. Tregurtha 和 N. Vink（2002）通过对南非合同农业的研究表明，在合同农业中，合同双方的信任关系比正式的法律制度在保证合同履约方面更有效率。邓宏图、米献炜（2002），周立群和邓宏图（2004）的研究也表明，企业与农户之间建立的相互信任关系，可以提高合同的履约率。

(三) 有助于降低农产品渠道联盟成员间的交易成本

在农产品渠道联盟中，如果渠道成员间相互不信任，势必极大地增加成员间的谈判成本和沟通成本，而且由于我国农产品渠道中大量存在的信息不对称和契约不完备等原因，对逆向选择、败德行为等的防范也会增加监督成本和协调成本。而在渠道成员间存在相互信任情况下，信息沟通将变得更加顺畅，对于详细的契约和完善的监督的依赖程度降低，这会大大降低交易成本，提高了合作的效率。

(四) 有助于减少农产品渠道联盟成员间的冲突

冲突是合作中的固有属性，在互不信任的情况下，联盟双方的信息交流和知识共享都比较匮乏，容易产生冲突。而信任却能够促进双方的信息交流和知识共享，营造坦诚、开放的交流氛围，进而在一定程度上减少甚至消除现实和潜在的冲突。在联盟合作中，建立在及时沟通和顺畅交流基础上的信任是解决冲突的关键。

(五) 有助于增加联盟双方专用性资产投入，进而保持联盟的稳定

联盟的组建是以合作双方的资产投入为基础的，如果合作伙伴之间的

---

① 在合作关系中，面对的不确定性有两种：一是对未来未知事件的不确定性；二是对这些未来时间可能做出的反应的不确定性。正是因为这两个不确定性，相互信任就成为农产品渠道联盟存在的基础（赵阳，2009）。

信任程度较高，就会投入数量更多、质量更优的专用性资产，而这些专用性资产能够产生"锁定"（Lock In）效应，这将增强联盟的抗风险能力、增进联盟双方的对称性承诺并提升联盟绩效，进而有助于联盟关系的稳定。

三 农产品营销渠道联盟中信任价值的博弈分析

依据钟哲辉、张殿业（2009）的研究，假定博弈在由一个核心企业（G）和一个盟员企业（P）所形成的农产品渠道联盟间展开。盟员企业和核心企业各有两种策略可以选择：信任和不信任。盟员企业和核心企业收益矩阵如表5-4所示。

表5-4　　　　　盟员企业、核心企业的收益矩阵

盟员企业（P） \ 核心企业（G）	信任	不信任
信任	(a, a)	(b, c)
不信任	(c, b)	(d, d)

当盟员企业选择信任策略，核心企业也选择信任策略时，盟员企业和核心企业的收益都为 a；当盟员企业选择信任策略，核心企业选择不信任策略时，盟员企业的收益为 b，核心企业的收益为 c；当盟员企业选择不信任策略，核心企业选择信任策略时，盟员企业收益为 c，核心企业收益为 b，当盟员企业和核心企业都选择不信任策略时，收益都为 d。其中，$c > a > d > b$。

由博弈论的知识可知，这个静态一次性博弈的纳什均衡一定是（d, d），即盟员企业和核心企业都理性地选择不信任。虽然（不信任，不信任）对单个成员是最优选择，但是（信任，信任）策略可使双方都得益，且收益要大于（不信任，不信任）。因此，（信任，信任）对联盟体来讲是最优选择，但这个最优选择的实现是有困难的，它必须在盟员企业和核心企业建立信任机制的条件下并经过长期的过程才会实现。下面我们应用无限期重复博弈的策略来证明建立信任机制对联盟整体收益的提升作用，进而说明在农产品渠道联盟中建立信任机制的价值。

假设盟员企业和核心企业都选择信任策略，且都采取触发策略[①]，并

[①] "触发战略"（Trigger Strategies）是指参与人在开始时选择信任，在接下来的博弈中，如果对方选择信任则继续合作，而如果对方一旦不信任，则永远选择不信任，合作终止。

假定 θ （$0<\theta<1$）为每次策略选择所付出的成本与收益的系数，则核心企业收益为：

$$R_{G/Y} = na - (\theta a + \theta^2 a + \cdots + \theta^{n-1}a) = na - \theta a/(1-\theta) \quad (5.25)$$

如果核心企业不采取触发策略，在第一阶段采用不信任策略，因为下一阶段起被报复只能采取不信任策略，因而该博弈各阶段的收益为：（$c - \theta c$, $d - \theta^2 d$, $d - \theta^3 d$, $\cdots$, $d - \theta^{n-1}d$），核心企业的收益为：

$$R_{G/N} = c + (n-1)d - \theta c - \theta^2 d/(1-\theta) \quad (5.26)$$

现假定盟员企业和核心企对对方的信任程度分别为 p_1 和 p_2（$0<p_1$, $p_2<1$），收益矩阵如表5-5所示。

表5-5　基于信任程度的盟员企业和核心企业收益矩阵

盟员企业（P） ＼ 核心企业（G）	信任 p_2	不信任 $1-p_2$
信任 p_1	$p_1 a$, $p_2 a$	$p_1 b$, $(1-p_2)c$
不信任 $1-p_1$	$(1-p_1)c$, $p_2 b$	$(1-p_1)d$, $(1-p_2)d$

当盟员企业选择信任策略，核心企业也选择信任策略时，盟员企业收益为：

$$R_{P/Y} = np_1 a - \theta p_1 a/(1-\theta) \quad (5.27)$$

核心企业的收益为：

$$R_{G/Y} = np_2 a - \theta p_2 a/(1-\theta) \quad (5.28)$$

此时，联盟总收益为：

$$R_{Total/Y} = n(p_1+p_2)a - \theta a(p_1+p_2)/(1-\theta) \quad (5.29)$$

当盟员企业选择不信任策略，核心企业也选择不信任策略时，盟员企业的收益为：

$$R_{P/N} = (1-p_1)[c + (n-1)d - \theta c - \theta^2 d/(1-\theta)] \quad (5.30)$$

核心企业的收益为：

$$R_{G/N} = (1-p_2)[c + (n-1)d - \theta c - \theta^2 d/(1-\theta)] \quad (5.31)$$

此时，联盟总收益为：

$$R_{Total/N} = (2-p_1-p_2)[c + (n-1)d - \theta c - \theta^2 d/(1-\theta)] \quad (5.32)$$

信任时的联盟总收益与不信任时的收益之差为：

$$\Delta R_{Total} = R_{Total/Y} - R_{Total/N}$$
$$= (p_1 + p_2)[na - \theta a/(1-\theta)] - [2 - (p_1 + p_2)][c + (n-1)d - \theta c - \theta^2 d/(1-\theta)] \quad (5.33)$$

(5.33) 式对 $(p_1 + p_2)$ 求导可得:

$$\frac{\partial \Delta R_{Total}}{\partial (p_1 + p_2)} = na - \frac{\theta a}{1-\theta} + c + (n-1)d - \frac{\theta}{1-\theta}(c + \theta d - \theta c) \quad (5.34)$$

因为 $0 < \theta < 1$, 所以:

$$\frac{\partial \Delta R_{Total}}{\partial (p_1 + p_2)} > 0 \quad (5.35)$$

(5.35) 式表明盟员企业和核心企业采取信任的联盟总收益与不信任收益之差随着信任度 $(p_1 + p_2)$ 的增加而增大, 即盟员企业和核心企业之间的信任程度越高, 联盟总收益越大, 信任机制实现了对联盟整体收益的提升作用。

另外, 这里需要说明的是, 由于农产品渠道联盟中的信任的建立需要一个长期过程, 从博弈论可知, 如果农产品渠道联盟成员间要实现"共赢"和长期收益最大化, 信任是唯一的选择, 相互信任既是渠道成员间互利互惠的需要, 更是渠道联盟健康成长的基础。

四 我国农产品营销渠道联盟中的信任度分析

目前我国已形成了诸如"批发商+农户"、"公司+农户"、"公司+合作社+农户"等多种农产品渠道模式 (张闯、夏春玉, 2005), 由于这种模式既不是采用完全的市场交易组织形式, 也不是采用完全纵向一体化的企业组织形式, 而是一种介于市场和科层之间的混合结构形式, 根据迈克尔·波特 (1997) 的定义: 联盟是超越了正常交易并非直接合并的长期协议, 这种渠道组织形式本质上属于联盟 (揭筱纹, 2007)。我国农产品渠道联盟模式特点和信任程度比较如表 5-6 所示。

(一) "农户+批发商"联盟模式

这是一种传统的农产品渠道联盟模式, 在"农户+批发商"模式中, 批发商是整个联盟的核心, 交易类似于古典契约性质交易, 交易双方都在寻求每次交易的利益最大化, 并不着眼于长期交易关系的建设, 交易对象频繁转换, 农户的规模小, 进入壁垒和退出壁垒较低, 属松散型联盟, 由于参与主体力量极不平衡, 组织化程度和流通效率很低, 关系最不稳定, 信任程度很低。

表 5-6　　　我国农产品渠道联盟模式的特点和信任程度比较

联盟模式＼特点	参与主体力量	组织化、契约化程度	流通效率	合作关系	信任程度
农户+批发商	极不平衡	很低	很低	极不稳定	很低
农户+公司	不平衡	较低	较低	不稳定	较低
农户+合作社+公司	相对平衡	较高	较高	相对稳定	较高

资料来源：笔者整理。

（二）"农户+公司"联盟模式

"农户+公司"模式是以公司（一般为龙头企业）为联盟核心，与农户或基地实现有机联合，围绕一种或几种产品进行生产、加工、销售，形成"风险共担，利益共享"的利益共同体。这种模式中，公司与农户是相互独立的经济主体，农户为公司提供符合要求而稳定的货源，公司为农户解决经营取向、生产技术、产品销售，形成在各自经营基础上的联合。该模式优点是，组织较灵活，组织成本低，在产业发展不稳定、市场风险高的阶段，有较大的适应性。"农户+公司"这种联盟模式在一定程度上缓解了"小农户"与"大市场"间的矛盾，它在维持农户作为农业生产基本组织单元的同时，发挥公司的农产品加工、销售的优势，既保证农户的利益和生产的独立性与自主性，又适应市场网络和农产品加工销售的规模性，给双方都带来了利益。然而，从实践看，由于这种模式的参与主体力量不平衡（农户弱势地位），存在契约约束的脆弱性和协调上的困难，进而引发利益主体机会主义行为。因此，渠道关系不稳定，信任程度较低。

（三）"农户+合作社+公司"联盟模式

"农户+合作社+公司"模式是对"农户+公司"结构的完善与矫正。在这一模式中，农户与公司之间不再直接签订契约，而是由合作社充当中介与公司签约。这种渠道联盟模式相对于"公司+农户"模式而言，其优势是改变了双方力量对比，能够大大降低农户的机会主义行为，也制约了"公司"的违约行为，这有助于联盟成员间信任度、关系稳定性和渠道运行绩效的提高。

五 农产品营销渠道联盟中信任机制构建：案例与启示

（一）案例研究

广东温氏食品集团有限公司（以下简称温氏集团）是一家以养鸡业、养猪业、养牛业为主导，兼营食品加工、动物保健品的跨行业、跨地区发展的大型畜牧企业集团，是我国农业产业化国家重点龙头企业之一，创造了著名的"温氏模式"。从流通渠道视角来看，"温氏模式"的最大成功得益于公司与农户形成了具有准纵向一体化（联盟化）特性[①]的渠道联盟[②]（万俊毅，2008），实现了公司和农户优势的互补和信任关系的建立。

1. 温氏农产品渠道联盟的发展历程

温氏农产品渠道联盟主要表现为温氏与农户的合作。万俊毅（2008）把温氏与农户的合作历程分为三个阶段。

第一阶段（1986—1996年）：单纯养鸡业公司与农户合作模式。这一阶段，公司通过与农户"五五分成"做到利益均沾，巩固了公司与农户良好的合作的关系，赢得了良好的声誉和相互信任。

第二阶段（1997—2006年）：公司与农户合作模式向养猪等行业推广。在这一阶段，公司通过建立二次分配机制，设立风险基金，保证农户拥有持续经营的能力，并在最大限度内赢得了农户的信任。

第三阶段（2007年至今）：公司与合作社合作模式。在这一阶段，代表农户利益的合作社通过服务和管理其成员的各种活动使其采取统一的反应和行动，使农户追求的利益趋同化，用组织制度和文化约束每位成员的行为，这不仅提高了农户的对外界应变的能力和农户的集体谈判能力，还有效制止了各种机会主义行为，提高了交易主体的信任度。

2. 温氏农产品渠道联盟中信任机制的构建

万俊毅（2008）指出，"温氏模式"的成功更多受益于公司与农户的系列关系治理手段。这些手段包括：相互认同、互惠、灵活性、声誉机

---

① 温氏模式的准纵向一体化特征为：对合作农户的生产实行准车间化管理；明确畜禽产权归公司所有；公司与农户对半分享合作剩余；公司与农户的交易以流程价格进行结算（万俊毅，2008）。

② 2010年，温氏集团总裁温志芬又提出了"公司+农户+客户"的新模式，即在终端消费市场，温氏集团为客户提供优质产品、营销技巧培训、市场调研、档口门店装修设计等，客户只需根据温氏开出的肉鸡出栏价收购及再销售，而其中的销售利润完全归客户所有。这种模式实际上是"公司+农户"的延伸，本质上还是联盟。

制、有效沟通等。通过这些手段使得准一体化的制度安排能够自我执行，实现了公司和农户信任关系的建立。

(1) 相互认同与信任关系的建立。"温氏模式"的成功得益于与广大农户在相互了解基础上建立的认同关系。温氏创始人温北英对勒竹村村民相当了解，在生活当中建立了感情，并取得了勒竹村村民的信任，相信一方不会做出对自己不利的事情。事实表明，这种基于了解的信任为温氏的"公司+农户"模式积累了成功经验。

(2) 互惠、交易灵活性与信任关系的建立。温氏坚守互惠信条，注重保持交易的灵活性。互惠是信任关系建立的前提，只有双方互惠，合作才能维持，信任关系才能真正建立。温氏通过与农户"五五分成"做到"利益均沾"，巩固了公司与农户良好的互惠合作的关系。交易的灵活性是互惠的有效手段，它会增强双方继续合作的意愿和信任。温氏的交易灵活性主要体现在：实施流程定价；制度设计有一定的灵活性，给予农户较好的发展空间；建立二次分配机制；设立风险基金等。

(3) 声誉机制与信任关系的建立。声誉是一种无形资产，是被信任方做出的一种可置信承诺，声誉的存在能够增加承诺的力度（Diamond，1989），进而加强联盟成员彼此信任。温氏通过执行"风险多担、利益均沾"的分配准则、"挂钩联营、四个统一"的服务模式，风险基金制度的农户保护机制等，使得温氏与农户的信任关系不断增强，2009年与温氏合作的农户达4.3万户。

(4) 有效沟通与信任关系的建立。沟通是建立信任的基础。温氏非常注重主动、及时与农户进行充分信息沟通。比如，温氏通过开展养殖前的专业技术知识培训、为农户配置定期走访的技术员、为合作农户提供全程技术信息服务等形式了解农户心声，尊重农户意见，主动并及时与农户交流信息，尽可能减少双方隔阂，建立双方相互信任。

(二) 案例启示

结合上述案例分析，可以看出，要真正构建农产品渠道联盟，并实现联盟整体收益的提升和成员各自利益的帕累托改善，就必须要求成员间相互信任、彼此忠诚、信守承诺，构建联盟运行的信任机制，信任机制能够在很大程度上避免非合作博弈的"囚徒困境"，从而为农产品渠道联盟的持久生存和成员的共同发展打下坚实基础。

由于目前学者们对信任机制的研究在研究视角和研究重点上不尽相同[1]，本书在借鉴和总结前人对于信任机制研究的基础上认为：农产品渠道联盟信任机制构建应包含三个方面的内容：信任评审机制、信任形成机制和信任保障机制。

1. 建立农产品渠道联盟信任评审机制

信任评审机制是农产品渠道联盟在选择渠道成员、缔结联盟关系过程中，对联盟成员的守信状况（守信品质、守信能力、守信行为）进行评价[2]的一套经常性的、持续的内部评审分析机制。通过这套机制的运行，可确定联盟成员的可信度[3]，并据此来精选联盟伙伴[4]，并确定与联盟伙伴建立何种信任关系。[5] 通过构建渠道联盟信任评审机制能够有效地降低不确定性和发生机会主义的概率，为农产品渠道联盟的健康运行奠定基础。

2. 建立农产品渠道联盟信任产生机制

信任评审机制的建立为农产品渠道联盟成员间"初步信任"的建立奠定了基础，但要使整个联盟发挥协同效应，只建立联盟信任评审机制是不够的，还必须建立能够"促进"成员间相互信任的信任产生机制。Zucker（1986）研究认为，战略联盟中信任产生机制有规范型、过程型、特征型三种。因此，农产品渠道联盟成员间也可以通过建立这三种信任产生机制来增进相互间的信任。

（1）基于规范型信任产生机制。规范型信任产生机制强调，在联盟

---

[1] M. Sako 和 S. Helper（1998）认为，促进网络企业间信任机制建立的条件包括长期承诺、信息交换、技术援助和声誉；Parkhe 和 Arvind（1998）认为，是不确定性、脆弱性以及控制决定了信任的存在与程度；Yadong Luo（2002）认为，联盟寿命、文化差距、市场不确定性、相关风险以及互惠承诺是影响战略联盟信任机制建立的决定性要素。贺艳春、周磊（2004）认为，联盟双方力量对比关系、关系专用性资产投资、联盟管理决策机制、联盟双方能力互补性、沟通策略、经济和非经济满意是影响渠道联盟信任机制建立的关键因素。

[2] 评价主体一般可选择核心企业或外部独立权威的评估机构。

[3] 可信度则是单个交易者作为信任对象所体现出来并被对方觉察到的一种特质和状态（张钢、张东芳，2004）。

[4] 精选联盟伙伴意味着联盟伙伴不能太多，成员数量越多，越难以建立信任（王玲，2010）。M. Sako 和 S. Helper（1998）等的研究表明，联盟伙伴越不容易被替代，信任关系就越容易建立。精选联盟伙伴可使得核心企业和联盟成员能得到充足的业务，使之感受到整个联盟对其的依赖性，这有助于信任关系的建立。

[5] 夏皮罗（Shapiro, 1992）等将信任关系分为威慑信任、认知信任、共识信任和敏捷信任四种。巴尼和汉森（1994）将信任关系分为低度信任、中度信任和高度信任。

内建立一套阻止相互欺骗和防止机会主义行为的规范。该机制认为，信任的产生可以通过制度的外在约束以及契约设计的利益激励或惩罚威胁来规范、约束各成员的行为，它能够降低机会主义行为行事的概率，提高可信行为行事的概率，增强成员间行为的可预知性，从而促使成员间信任的产生。建立规范型信任形成机制的具体措施包括：提高欺骗成本[①]，消除投机心理；增加合作的收益，为联盟合作提供"隐性担保"；确保利益分配的公平、合理[②]等。

（2）基于过程型信任产生机制。过程型信任产生机制强调，过去的行为对现时的及将来的行为有着不可磨灭的影响，长期的稳定的相互关系可以增进相互间的了解和对双方行为的可预期性，从而增进相互间的信任。该机制认为，信任的产生是建立在彼此认知、互动过程基础上的，长期持续的、可靠的成员间相互关系往往会使成员产生对方是可信任的印象，一旦双方预期相互关系的进一步发展能够带来更大的互惠时，这种可信印象便会得到进一步的提升，相互信任会随着成员间关系过程本身的创建、成长、成熟而建立与加强。

比如，在农产品渠道联盟建立初期，由于各成员彼此间不十分了解，信任关系大都建立在合同（威慑信任）基础之上。随着合作的深入，各方已经相互了解，并能够理解和预测对方的行为，这时就可建立基于认知的信任。当联盟合作进入稳定阶段时，由于成员间有了共同的目标和价值取向，这时就可以建立以共识为基础的信任。当合作进入转移提升阶段时，由于合作经验的积累，双方可根据市场需求的变化和有利商机的出现，建立基于敏捷的信任。但这种基于过程的信任是建立在彼此认知、交流、互动过程基础上的，往往会由于行为过程的不一致，表现出一定的脆弱性，这就需要管理人员的精心呵护，并坚持"积极经验重复强化原则"，不断地增强相互间的信任。因此，过程型信任产生机制的建立首先是在联盟初期各方要真实地表现出自己的可信度并对对方给予充分的信

---

① 提高欺骗的成本，首先，必须提高退出壁垒，即某成员一旦发生机会主义行为，它将不能逃脱联盟的惩罚。其次，联盟可以通过成员间的不可撤回投资来"锁住对方"，使成员利益与联盟利益达成一致，从根本上消除通过欺骗得益的可能性。

② 被感知到的或被察觉到的不公平、不合理的利益分配将会影响双方的信任程度，利益分配的公平、合理能从总体上增加目标的一致性，减少欺骗行为，增加彼此间的信任感，公平的利益分配既包括利益分配结果的公平也包括分配程序的公平。

任。这主要是联盟各方要坦诚地披露自己的相关的真实信息，充分地表达自己的诚意和合作的意愿。其次就是在联盟发展过程中，通过正式或者非正式渠道来增强信息的透明度，以此来减少信息的不对称性。建立过程型信任形成机制的具体措施包括：建立畅通的信息沟通机制①，建立有效的信息共享机制②；建立协商型联盟管理决策机制③；建立信任循环模式④；建立可信任的企业形象；倡导各成员间的互助服务⑤等。

（3）基于特征型信任产生机制。特征型信任产生机制强调联盟各方相似的企业文化及社会背景对双方信任形成的重要作用。因此，在组建农产品渠道联盟时，核心企业应尽可能选择有相似社会背景（如血缘、地缘、语言、宗教等）、价值理念和行为规范的成员，并通过和盟员间的相互交流，提高行为和策略透明度，使相互价值理念在合作中相互渗透和相互交融，进而形成相互信任的文化。建立特征型信任产生机制的具体措施包括：建立联盟共同愿景；建立共同的信任文化⑥；建立和谐的管理层私人关系。⑦

---

① 联盟中的信任危机多半是由于成员间沟通不畅引起的。农产品渠道联盟成员间应利用多种交流与沟通手段和情感的投资在各级层面中进行全方位的沟通和交流，这是增进信任的有效手段。

② 信息共享能使联盟成员更好地适应环境的变化，提高合作的一致性和协调性，巩固成员间的信任。

③ 管理决策机制可以分成三种类型：集权型决策、正规化决策、协商型决策。协商型决策机制是以共享的价值观和价值准则为基础的。共同的价值基础使渠道双方不需要官僚化的机构和谨慎的相互监督。协商型决策机制使双方的沟通与交流日常化，因而有利于双方的相互信任。

④ 联盟各方可以通过自己的行为表现出对对方的信任并且积极地完成自己的任务，经常培育与其他各方的关系，与联盟各方共享信息，这些信任的行为就会反过来激励联盟中的其他各方也采取相应的信任行为，这些行为又会产生更进一步的激励作用，从而在农产品渠道联盟中建立起一种信任循环模式（毕小青、彭晓峰，2000）。

⑤ 有研究表明，渠道成员间的互助服务有助于信任的形成（陈民利，2010）。比如，核心企业为农户提供产前、产中、产后系列化服务，为经销商和零售商提供人员培训、市场信息、促销支持、通路管理；而经销商和零售商则凭借自身的社会关系，向核心企业提供网络覆盖服务，并负责使用、管理好网络覆盖队伍等，这都会强化双方的信任形成。

⑥ 信任文化是联盟成员在长期合作中形成的共同的管理理念、思维方式和行为规范的总和。建立共同的信任文化，一方面要尽量选择具有相同的社会和文化背景的成员作为合作伙伴；另一方面要加强不同文化背景的成员间的沟通。

⑦ 和谐的管理层私人关系一方面便于了解各方信息，可通过参照比较明确自己在联盟中的地位和作用；另一方面可以增进相互的了解，减少了因行为不一致给合作带来的不确定性和脆弱性。另外，好的私人关系（表现为私人亲近感比较高）会使权力拥有者较多地使用非强制性权力，较少地使用强制性权力，并直接和间接地减少冲突（庄贵军、席西民、周筱莲，2007），并能够为关系双方带来彼此的信任和关怀（陈利民，2010）。

3. 建立农产品渠道联盟信任保障机制

信任保障机制就是对信任风险进行管理与控制的机制。该机制主要包括基于制度约束的信任保障机制、基于声誉约束的信任保障机制和基于社会关系约束的信任保障机制。

(1) 基于制度约束的信任保障机制。基于制度约束的信任保障机制主要是通过契约、合同方式及激励、惩罚手段来规范、约束各成员行为，它是建立农产品渠道联盟信任保障机制的基础。建立基于制度约束的农产品渠道联盟信任保障机制包含三方面内容。

事前抵押机制：事前抵押是以财产抵押或保证金的方式"套牢"渠道成员，以增加不信任方的违约成本，进而在一定程度上保证信任方利益。

事中管理机制：事中管理包括三方面内容：一是制定动态合同。动态合同是指下一阶段合同的签订应根据前一阶段合同的执行情况进行相应的调整并在不同阶段采取不同的合同形式，以防止因合同不完善而引发合作成员的机会主义行为，降低合作风险。二是进行信息披露。即在合作的过程中，核心企业将不诚信成员及时披露给联盟中的其他成员，以增加合作方的信任识别力度。三是镶入"第三方信任"。第三方信任又被称为转移型信任，第三方（比如政府）的权威性能为双方建立彼此信任、相互依赖的关系提供权威性的保障（于宁，2010）。

事后惩罚机制：事后惩罚是指当发现某成员采取欺诈行为时，根据合同规定对其实施惩罚（甚至终止合同）。通过增加欺诈者的成本约束其违约行为，并促使各成员把联盟利益和自己的利益看为一体，从而提高各成员之间的相互信任程度。

(2) 基于声誉约束的信任保障机制。由于制度本身存在一些问题（契约不完全性、监督与实施成本高等），导致制度约束会在一定程度失灵，完全依靠制度约束来构建信任保障机制，存在一定的缺陷，除了上述的硬性的制度约束外，软性的声誉约束也不可或缺。信誉约束是行为主体出于自己的声誉和长期合作关系的考虑自觉放弃眼前利益来限制自己的机会主义行为（汪普庆，2009）。在不完全信息条件下，通过引入声誉约束能够促成机会主义者的守约行为，降低契约的监督或执行费用（王玲，2010）。声誉是一种无形资产，是被信任方作出的一种可置信承诺，声誉的存在能够增加承诺的力度（Diamond，1989），进而提高联盟成员彼此信任。建立基于声誉约束的农产品渠道联盟信任保障机制包含三方面的内容。

建立声誉市场：声誉市场能够使联盟成员声誉信息在各个成员间的交换、传播，形成声誉信息流、声誉信息系统及声誉信息网络，它通过对被信任方施加压力，使其行为符合联盟中其他成员的期望。在声誉市场中，声誉低劣的成员将会面临失去信任的恐惧感，这会有效阻止其机会主义行为。

建立社会、行业网络监督系统：社会、行业网络监督系统具有硬性约束所没有的作用。因此，要建立社会（如信用中介）、行业（如协会）网络监督系统，让成员认识除了直接联盟合作以外，整个经济社会、行业都是与之紧密相连广义上的合作网络，让更多的第三方（比如各种新闻媒介，社会信用评级机构）起"监督合作过程"的功能，使成员的行为受到约束，激励成员终身重视自身声誉的积累，由于社会、行业监督系统使得联盟中每个成员的长期博弈耐心增强，因此即使在联盟外部交易过程中不是合作的，但在具有社会、行业网络系统内其有保持终生的声誉，以取得其他成员的信任的动力。

完善社会信用体系：完善社会信用体系是声誉约束机制发挥作用的外部保障，它通过建立组织或个人信用信息记录和依法传播机制，把失信行为个体间的矛盾转化成失信者与社会的矛盾，从而鼓励守信、惩戒失信，通过这种机制的作用，诚实守信的组织和个人可以获得合作伙伴更多的交往机会、良好的商业信任和交易条件、更多的经济利益和社会声誉，而失信者则要付出沉重代价，从而大量减少合作中的失信行为。

（3）基于社会关系约束的信任保障机制。有研究表明，社会关系的非制度安排或普遍道德是产生经济生活中信任的主要因素，社会关系被视为比制度、道德更有效的信任的三大机制来源之一。社会关系是一种隐性契约，它以友情、面子为纽带，是通过提高处理模糊性契约的能力来发挥约束人们行为、增加确定性、可预期性的功能，具有非正式和隐性的特征[1]。在社会关系约束下，一方可通过断绝关系或采取不违反正式合同的行动等给予对方以"惩罚"，它让违约一方认识到违约的一时得利远不及

---

[1] 我国农产品流通中的的社会关系表现为一个关系的"差序格局"，即血缘关系一般比姻缘关系更亲密，姻缘关系又比地缘关系或事缘关系更亲密（于宁，2010）。

将来会蒙受的关系损失而放弃违约（于宁，2010）。社会关系网络是约束机会主义行为，增进成员间相互信任的重要保障机制。

第五节 农产品营销渠道联盟的监督约束机制

一 农产品营销渠道联盟监督约束的内涵

农产品渠道联盟作为一种具有"战略合作关系"的分销网络利益共同体，虽然具有实现资源互补、降低交易成本、减少环境不确定性和市场的多变性带来的冲击等诸多优势，但由于市场波动性、信息不对称性、合约的不完全性、成员的有限理性、成员间非对称依赖性[①]、成员各方利益的差异性以及成员间在资源、文化、目标等的不一致性和不匹配性，常常会导致联盟成员的机会主义行为。[②] 如果不对这种机会主义进行有效监管和惩处，其结果就常会使联盟陷入"囚徒困境"，直接影响联盟的绩效，威胁联盟的存续，甚至导致联盟的解体。实践中战略联盟的 50%—60% 的高失败率（蒋国平，2001）就是例证。

农产品渠道联盟监督约束是指：为了防止和减少联盟成员机会主义行为所采取的治理机制和管理活动的总称。建立农产品渠道联盟监督约束机制能从根本上提高产联盟的整体功能、效率功能、抗风险功能及合作关系的稳定性，是农产品渠道联盟高效运行的基本保障。

二 农产品营销渠道联盟中机会主义行为的博弈分析

参考郑长德、张维武（2002）的研究，仍以一个核心企业（G）和一个盟员企业（P）所组成的农产品渠道联盟为例，通过不同状况下博弈分析来解释在农产品渠道联盟中机会主义形成的动因，并由此提出农产品渠道联盟监督约束机制建立的具体措施。

[①] 非对称依赖主要体现在各参与方的相对权力的不平衡性。一方面，依赖程度低的一方并不担心另一方会采取"针锋相对"的报复策略，因而有较强的机会主义倾向；另一方面，根据抗拒理论的观点，依赖程度高的一方也会采取某些机会主义行为以对抗因依赖性所导致的风险，摆脱因依赖性所强加的约束（林建宗，2009）。

[②] 联盟中的机会主义行为主要包括由于信息不对称导致的"逆向选择"和"道德风险"问题。

(一) 完全信息状态下机会主义行为的静态博弈

假定盟员企业有两种可供选择的策略：实施机会主义行为（Y）与不实施机会主义行为（N）。核心企业也有两个可供选择的策略：监督（I）与不监督（H）。假定，R 为盟员企业机会主义收入，C 为核心企业监督成本，F 为盟员企业机会主义成本（包括被核心企业发现时对其的罚金）。若核心企业实施监督，盟员企业的机会主义行为会被发现，且 $C < F$。核心企业和盟员企业都追求自身效用最大化。这些信息为双方的共同知识，因此，核心企业和盟员企业进行完全信息静态博弈，其收益矩阵如表 5-7 所示。

表 5-7　完全信息状态下农产品渠道联盟成员静态博弈收益矩阵

核心企业（G） \ 盟员企业（P）	实施机会主义	不实施机会主义
监督	(F-C, -F)	(-C, 0)
不监督	(-R, R)	(0, 0)

令 p 为核心企业监督的概率，则不监督的概率为 $1-p$；q 为盟员实施企业机会主义概率，不实施企业机会主义的概率则为 $1-q$。对核心企业而言，监督的期望效用为：$U(I) = q(F-C) + (1-q)(-C)$；不监督的期望效用为：$U(H) = q(-R) + 0(1-q)$；联立方程 $U(I)$ 和 $U(H)$，即 $U(I) = U(H)$ 时，解得 $q^* = C/(F+R)$；对盟员企业而言，实施企业机会主义的期望效用为：$U(Y) = p(-F) + (1-p)R$；不实施企业机会主义的期望效用为：$U(N) = 0 \cdot p + 0 \cdot (1-p) = 0$；联立方程 $U(Y)$ 和 $U(N)$，即 $U(Y) = U(N)$ 时，解得 $p^* = R/(F+R)$。因此，核心企业、盟员企业此混合策略的纳什均衡是：$p^* = R/(F+R)$，$q^* = C/(F+R)$。即对盟员企业而言，如果核心企业实施监督的概率小于 p^*，盟员企业的最优选择是实施机会主义行为。对核心企业而言，如果盟员企业实施机会主义的概率大于 q^*，核心企业的最优选择是监督。

另外，由上可知，此博弈的纳什均衡与盟员企业机会主义收入（R）、盟员企业机会主义成本（F）以及核心企业监督成本（C）有关。

首先，对 p^* 而言，因为 $dp^*/dR = F/(F+R)^2 > 0$，即盟员企业的机会主义收入越高，核心企业监督的概率就越大。同理，由于 $dp^*/dF < 0$，

即盟员企业的机会主义成本越高,核心企业监督的概率就越低。

其次,对 q^* 而言,因为 $dq^*/dC>0$,即核心企业监督成本(C)越高,盟员企业实施机会主义的概率就越大。$dq^*/dR<0$,即盟员企业机会主义收入(R)越多,由于核心企业监督的概率高,所以,盟员企业实施机会主义的概率就越小。$dq^*/dF<0$,即盟员企业机会主义成本(F)越高,盟员企业实施机会主义的概率越小。

总之,盟员企业要达到自身效用最大化,关键在于核心企业最优的监督概率 p^*,而 p^* 取决于盟员企业的机会主义收入(R)和机会主义成本(F)。盟员企业机会主义成本越高,其实施机会主义的概率越小,核心企业实施监督的概率也会减少。

(二)完全信息状态下机会主义行为的动态博弈

动态博弈结果与谁先行动有关,因此分两种情况来探讨完全信息状态下机会主义行为动态博弈。

(1)假定核心企业先行动。如果核心企业先行动,盟员企业在观察到核心企业的行动后才采取自己的行动策略,且博弈是有限的。核心企业和盟员企业动态博弈收益如图 5-2 所示。

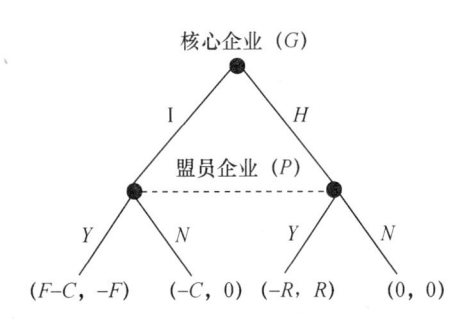

图 5-2 完全信息状态下核心企业先动的动态博弈

若核心企业选择监督,在盟员企业观测到核心企业的行动后,盟员企业的最优策略是选择不实施机会主义行为(N),因为实施机会主义行为(Y)的话,核心企业马上就会发现,从而使自己损失机会主义成本(F)。由于是核心企业先行动,盟员企业后动。因此,核心企业的策略不会影响盟员企业效用,而核心企业、盟员企业是效用最大化者,若监督成本(C)低,而盟员企业实施机会主义成本(F)高,核心企业愿损失监督成本（C）来阻止盟员企业的机会主义行为。

若核心企业选择不监督，在盟员企业观测到核心企业行动后，盟员企业选择的最优策略是实施机会主义行为（Y）。因为，盟员企业的机会主义行为不会被发现。若盟员企业实施机会主义的成本（F）越高，达到或超过R时，机会主义效用趋于零，盟员企业实施机会主义行为（Y）的概率就会趋于零。此时，核心企业、盟员企业采取的策略分别为（监督，不实施机会主义行为）和（不监督，实施机会主义行为），得到的收益分别为为（-C, 0）和（-R, R）。

（2）假定盟员企业先行动。如果盟员企业先行动，则盟员企业和核心企业动态博弈收益如图5-3所示。

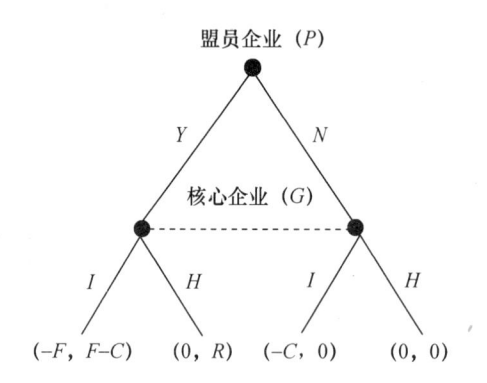

图5-3 完全信息状态下盟员企业先动的动态博弈

若盟员企业实施机会主义行为（Y），由于信息是完全的，故其行为就会被发现，因此盟员企业不会实施机会主义行为。若盟员企业不实施机会主义行为（N），核心企业不会采取监督（I）这个劣策略而损失监督成本（C），因此采取不监督（H）是核心企业最佳策略，此时双方博弈的纳什均衡解为（0, 0）。

由于核心企业、盟员企业是利益最大化者，存在着先行劣势。所以潜在机会主义者盟员企业总希望核心企业先采取行动，从而更好地实施机会主义行为。

（三）不完全信息状态下机会主义行为的静态博弈

不完全信息静态博弈，也称为贝叶斯（Bayes）博弈。为了讨论方便，假定盟员企业实施机会主义行为时，（F-C）为核心企业监督时的收益，

$-R$ 为核心企业不监督的损失，同时，假设核心企业与盟员企业在签订联盟合约时，双方各自保留了一些私人信息，假定在盟员企业实施机会主义时被核心企业发现，此时核心企业的效用为 $(F-C+t_1)$，其中 t_1 为核心企业的私人信息；假定核心企业不监督，盟员企业不实施机会主义时盟员企业的效用为 $(0+t_2)$，其中 t_2 为盟员企业的私人信息。t_1、t_2 是相互独立且服从 $[0,x]$ 区间上均匀分布的贝叶斯随机变量。这里，两人的类型空间都为 $[0,x]$，条件概率为 $p(t_2 \mid t_1) = p(t_1 \mid t_2) = \frac{1}{x}$。各成员的静态贝叶斯收益矩阵如表 5-8 所示。

表 5-8 不完全信息状态下联盟成员的静态贝叶斯收益矩阵

核心企业（G） \ 盟员企业（P）	实施机会主义	不实施机会主义
监督	$(F-C+t_1, -F)$	$(-C, 0)$
不监督	$(-R, R)$	$(0, 0+t_2)$

现在来看贝叶斯静态博弈。我们将证明，当核心企业和盟员企业分别采用以下类型依存策略时，将构成一个贝叶斯—纳什均衡。

核心企业：
$$G = \begin{cases} 监督 & t_1 \geqslant s_1 \\ 不监督 & t_1 < s_1 \end{cases} \quad (5.36)$$

盟员企业：
$$P = \begin{cases} 不实施机会主义 & t_2 \geqslant s_2 \\ 实施机会主义 & t_2 < s_2 \end{cases} \quad (5.37)$$

其中，s_1、s_2 分别是 $[0,x]$ 上的某个待定参数。

在这个均衡中，核心企业以 $(x-s_1)/x$ 概率实施监督，而以 s_1/x 概率实施不监督。盟员企业以 $(x-s_2)/x$ 的概率不实施机会主义行为，而以 s_2/x 的概率实施机会主义行为，即对于给定的 x，求出 s_1 与 s_2 的确定值，以使上述策略构成纯策略贝叶斯—纳什均衡均衡。

给定盟员企业的策略，核心企业监督的期望效用 $U_{G/I}$ 为：

$$U_{G/I} = \frac{s_2}{x} \cdot (F-C+t_1) + \frac{(x-s_2)}{x} \cdot (-C) = \frac{s_2}{x} \cdot (F+t_1) - C \quad (5.38)$$

核心企业不监督的期望效用 $U_{G/H}$ 为：

$$U_{G/H} = \frac{s_2}{x} \cdot (-R) + \frac{(x-s_2)}{x} \cdot 0 = (-R) \cdot \frac{s_2}{x} \tag{5.39}$$

当且仅当 $U_{G/I} \geqslant U_{G/H}$ 时，即有（5.40）式成立时，核心企业监督是关于盟员企业策略的最佳反应。

$$t_1 \geqslant \frac{C}{s_2} \cdot x - F - R = s_1 \tag{5.40}$$

类似的，给定核心企业的策略，盟员企业不实施机会主义的期望效用 $U_{P/N}$ 为：

$$U_{P/N} = \frac{(x-s_1)}{x} \cdot 0 + \frac{s_1}{x} \cdot (0+t_2) = \frac{s_1}{x} \cdot t_2 \tag{5.41}$$

盟员企业实施机会主义的期望效用 $U_{P/Y}$ 为：

$$U_{P/Y} = \frac{(x-s_1)}{x} \cdot (-F) + \frac{s_1}{x} \cdot R = \frac{s_1}{x} \cdot (R+F) - F \tag{5.42}$$

当且仅当 $U_{P/N} \geqslant U_{P/Y}$ 时，即有（5.43）式成立时，盟员企业不实施机会主义是关于核心企业策略的最佳反应。

$$t_2 \geqslant R + F - \frac{F}{s_1} \cdot x = s_2 \tag{5.43}$$

联立（5.40）式和（5.43）式，通过解一元二次方程可求得 s_1、s_2，即当核心企业和盟员企业分别采用上述类型依存策略时，可构成一个贝叶斯—纳什均衡。而且，可以通过"性别战略"博弈模型，证明当私人信息完全消失时（$x \to 0$），贝叶斯—纳什均衡会趋向于原来完全信息博弈中混合策略纳什均衡。

因此可以得出结论，当 t_1 大于临界值 s_1 时，核心企业选择监督是对盟员企业策略的最佳反应；当 t_2 大于 s_2 时，盟员企业不实施机会主义是对核心企业策略的最佳反应。但只要 R 远远大于 $(F-C)$，盟员企业有可能背弃 t_2 大于 s_2 时的策略，而实施机会主义行为。

（四）不完全信息状态下机会主义行为的动态博弈

假定在博弈每一个信息集上，在该集上的局中人关于博弈到达信息集中的哪一个结必须有一个推断，推断是在信息集不同节点的一个概率分布。给定参与者的推断，参与者的战略必须满足序贯理性的要求。即在每一信息集中应该行动的参与者（以及参与者随后的战略）对于给定的该参与者在此信息集中的推断以及其他参与者随后的战略必须是最优反应。

假定核心企业和盟员企业的博弈满足上述条件，在盟员企业"不完美"的信息集上，赋予一个概率分布（p, $1-p$）作为推断。动态博弈结果如图 5-4 所示。

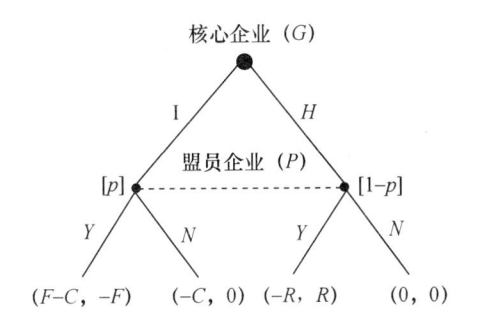

```
                  核心企业 (G)
                  ●
              I  / \  H
                /   \
           盟员企业 (P)
         [p] ●-------● [1-p]
            / \     / \
           Y   N   Y   N
          /     \ /     \
       (F-C,-F)(-C,0)(-R,R)(0,0)
```

图 5-4　不完全信息状态下联盟成员动态博弈

假如给定盟员企业在"不完美"信息集中上的推断，则盟员企业实施机会主义（Y）的期望效用为：

$$U_{P/Y} = p(-F) + R(1-p) = R - (F+R)p \tag{5.44}$$

盟员企业不实施机会主义（N）的期望效用为：

$$U_{P/N} = p \times 0 + (1-p) \times 0 = 0 \tag{5.45}$$

由于 $0 \leq p \leq 1$，且在不完全信息状态下 $p < p^* = R/(F+R)$，即 $R-(F+R)p > 0$，因此，有 $U_{P/Y} > U_{P/N}$，即盟员企业实施机会主义行为是对核心企业策略的最佳反应。

由此得出：在赋予推断的前提下，实施机会主义行为是盟员企业的最佳策略，在不完全信息条件下（静态或动态），盟员企业都存在实施机会主义的动机。

（五）不完全信息状态下的重复博弈

核心企业在观察盟员企业行动后，再根据盟员企业的经营业绩来奖惩盟员企业，并由此判断盟员企业能力。但是，核心企业很难识别这个业绩是盟员企业实施机会主义或不实施机会主义时所创造的。由博弈论可知，在一次博弈和有限次的博弈中，都存在着盟员企业实施机会主义的可能性。因此必须实施重复博弈，并采用触发策略。在实施重复博弈和采用触发策略的条件下，核心企业与盟员企业间信息的不对称将趋于平衡，会逐步削弱盟员企业的隐藏信息和隐蔽行为，盟员企业实施机会主义失去了意义。盟员企业出于对长远利益的考虑，会努力增加自身对联盟的贡献，并从核心企业那里得到"不实施机会主义比实施机会主义更高的收益"。因此，在不完全信息重复博弈并采用触发策略的条件下，核心企业和盟员企业间存在"不实施监督"和"不实施机会主义"的可能性（但这并非不实施机会主义的充分条件）。

综合分析得到如下结论：

（1）在完全信息静态博弈的条件下，盟员企业实施机会主义的最优选择取决于核心企业监督的概率 p；对盟员企业而言，如果核心企业实施监督的概率小于 p^*，盟员企业的最优选择是实施机会主义行为。对核心企业而言，如果盟员企业实施机会主义的概率大于 q^*，核心企业的最优选择是监督。另外，p^* 和 q^* 与盟员企业机会主义收入（R）、盟员企业机会主义成本（F）以及核心企业监督成本（C）有关。盟员企业机会主义成本越高，所得机会主义收入越多，盟员企业实施机会主义的概率越小；而核心企业监督成本越高，盟员企业实施机会主义的概率就越大。

（2）在完全信息动态博弈条件下，盟员企业实施机会主义行为是对核心企业采取策略的最佳反应。当核心企业选择监督，在盟员企业观测到核心企业行动后，盟员企业的最优策略是选择不实施机会主义行为（N）。当核心企业选择不监督，在盟员企业观测到核心企业行动后，盟员企业选择的最优策略是实施机会主义行为（Y）。完全信息动态博弈条件下，核心企业、盟员企业采取的策略分别为（监督，不实施机会主义行为）和（不监督，实施机会主义行为）。

（3）在不完全信息静态博弈条件下，若 t_1（核心企业私人信息）大于临界值 s_1 时，核心企业选择监督是对盟员企业策略的最佳反应；若 t_2（盟员企业私人信息）大于 s_2，盟员企业不实施机会主义是对核心企业策略的最佳反应。当核心企业和盟员企业分别采用上述类型依存的策略时，贝叶斯—纳什均衡是存在的。但只要 R 远远大于（$F-C$），盟员企业有可能背弃 t_2 大于 s_2 时的策略，而实施机会主义行为。

（4）在不完全信息动态博弈条件下，由于 $p<R/(F+R)$，盟员企业实施机会主义的期望效用大于不实施机会主义的期望效用，因此，实施机会主义行为是盟员企业的最佳策略。即在不完全信息的条件下，盟员企业存在实施机会主义的动机。

（5）在不完全信息重复博弈并采用触发策略条件下，由于核心企业与盟员企业间信息的不对称将趋于平衡，这会逐步削弱盟员企业的隐藏信息和隐蔽行为，盟员企业实施机会主义失去了意义。盟员企业出于对长远利益的考虑，会努力增加自身对联盟的贡献，并从核心企业那里得到更大的收益。因此，核心企业和盟员企业间存在"不实施监督"和"不实施机会主义"的可能性。但这并非成员不实施机会主义的充分条件，因此，还需要其他监督约束机制来配合共同抑制成员的机会主义行为。

三 农产品营销渠道联盟监督约束机制的构建

从上述分析可知，农产品渠道联盟中存在渠道成员机会主义动机，当缺乏某种约束机制时，成员就可能会由潜在机会主义者、转变为现实的机会主义者以寻求自身效用的最大化，并破坏联盟合约和稳定。因此，为了约束联盟成员的机会主义行为，保证农产品渠道联盟健康、高效运行，必须建立一种监督约束机制，以增加对机会主义的监管和惩处，进而保证联盟关系的持久与稳定。

（一）基于联盟内部的监督约束机制的构建

基于联盟内部的监督约束机制构建即从联盟内部入手，通过建立一套阻止相互欺骗和机会主义行为的规范机制来约束联盟成员的机会主义行为。其核心思想是通过建立完善的制度，提高机会主义者被查处的概率，增加机会主义成本（F），降低机会主义收益（R），进而约束成员的机会主义行为。它包括成员选择机制、事前约束机制、事中监督机制和事后惩罚机制。

1. 成员选择机制

Orbell 和 Dawes（1993）指出，管理机会主义行为的最直接的方法是选择恰当的交易伙伴，这种交易伙伴通常是趋向于对特定的任务采用合作态度而不是采用机会主义行为。因此，有必要在合作以前，根据核心企业发起联盟的性质或联盟的所希望达到的目标建立一套有效的联盟成员选择机制。可通过对盟员企业与核心企业的目标一致性程度、资源匹配性程度、力量对比程度、文化兼容程度、声誉度（RQ）等进行评估，来识别加入联盟成员的真实动机、真实身份与类型、可信任程度，以更好地预测联盟伙伴在未来合作关系中采取机会主义行为的可能性，从而选择合适的联盟成员，并以此来降低由于"逆向选择"导致的机会主义行为发生的概率。

2. 事前约束机制

事前约束机制是指在农产品渠道联盟组建前对联盟合作所进行的抵押约束（也叫人质机制）和利益激励约束。抵押约束是指在农产品渠道联盟组建前要求合作成员先交付一定的抵押品或保证金（为了公正起见，财产或保证金可交第三方公正机构代为保管），如果成员发生机会主义行为，则其将损失抵押品或保证金（部分或全部）。抵押约束增加了机会主义者的机会主义成本（F），并确立了双方对未来持续交易的期望，将激励各方对关系做出贡献，有利于抑制机会主义行为倾向（Williamson，1983）。但需要说明的是，抵押约束机制的效果很大程度受外部环境的影响。如果环境变化导致抵押品贬值，抵押约束就可能失效。因此，抵押约束机制需要根据环境变化进行动态的调整。利益激励约束是指在进行联盟合作前，通过设计一套行之有效的显性利益分配合同来激励成员，约束成员的机会主义行为。合同要明确各成员的职责范围和应尽的义务，规定详细的惩罚与奖酬的条款，它通过增大激励强度来提高投机行为的机会成本，使背信的机会主义行为付出代价、主动合作的诚信行为得到奖励。它要让成员认识到：基于长期合作的非机会主义收益要比短期的机会主义收益（R）更大，并以此来削弱成员的机会主义动机。但需要注意的是，该机制的设计必须满足成员的个体理性约束（参与约束、激励相容约束）、类型组合匹配（合同的类型与成员的类型能够一一对应）及利益分配的公平（利益公平、程序公平）。另外，由于这套机制的效果很大程度上受制于信息完备性与否的制约，如果监管方没有足够可观察的信息，则不能判定成员是否因机会主义才使协议破坏，利益激励约束就难发挥作用。因此，这需要一些能够用来减少信息不对称的机制的相互配合，才会有好的效果。

3. 事中监督机制

事中监督机制是指通过充分发挥联盟内外监管的作用，随机地对联盟成员进行监督，以提高机会主义者被查处的概率，进而降低监督成本（C）和加大机会主义成本（F），以此来削弱由于"道德风险"导致的机会主义行为。具体措施包括：成立联盟内部监管机构[①]；实施联盟成员间

[①] 联盟内部监管机构可在各成员协商一致的情况下，通过成立联盟层级的董事会或专门监管机构来构建。

的动态合同制；建立违约信息披露制度；在联盟内部建立和健全职工民主监督制度；建立稽查特派员制度；镶入"第三方监管"（如媒体、信用中介、协会）等。

4. 事后惩罚机制

事后惩罚机制是指当某成员被发现采取机会主义行为时，则可根据合同规定对其实施惩罚，甚至终止合同，这是防止机会主义行为泛滥的有效途径。特别是终止合同，它意味着一种潜在的专用性资产的损失（即高的退出壁垒），会极大增加机会主义者的成本（F）。事后惩罚机制通过对机会主义者进行惩罚，会影响其成本—收益计算，使其预期的机会主义收入（R）小于预期的机会主义成本（F），从而削弱实施机会主义的动机。但事后惩罚机制的惩罚力度是一个特别需要关注的问题，惩罚力度过小或过大都不能真正约束成员的机会主义行为，这还需要专门的研究。

（二）基于联盟外部的监督约束机制构建

基于联盟外部的监督约束机制构建即从联盟外部入手，通过发挥社会化监督机制来约束各成员的机会主义行为。它包括：法律约束机制、声誉约束机制、隐性社会关系合同约束机制。

1. 法律约束机制

法律作为一个国家最强硬的制度，以国家强制力为后盾，影响着经济活动中各参与主体的行为，发挥着监督约束作用。因此，强化和完善相关的法律法规制度，建立和健全合约调解和仲裁制度，对于规范各经济主体的交易行为，减少合作中机会主义行为，确保合约全面履行具有非常重要的意义。对农产品渠道联盟中的各参与方而言，首先要求联盟各方必须事先制定相对完善、详细、受法律支持的合同条款，以详尽叙述各方的责任义务。合约一旦签订，双方都必须严格履行，对擅自撕毁合同的违约行为，无论是核心企业还是盟员企业，都必须严格按《合同法》等相关法律条约的有关规定追究法律责任。

2. 声誉约束机制

声誉理论认为，声誉可以作为显性契约的替代物，是一种可以约束人们行为的因素。一方面，声誉是成员间互动行为相互评价的结果，一成员本期的行为将会影响其他成员对其新的评价，声誉效应是个动态博弈过程，具有积累性和易碎性的特征：某成员机会主义行为可能会把其长期努力积累的声誉毁于一旦，这将严重影响该成员的长远利益。因此声誉会对联盟成员的机会主义行为起到一定的约束作用。另一方面，声誉的存在意味着不确定性的降低，声誉约束机制[①]是一种联合制裁机制，它通过加大机会主义者的成本函数和收益函数，进而影响到其"成本—收益"计算及行为选择。如果某联盟成员有投机行为的声誉，通过成员间声誉传播，其他成员就不愿与其合作，从而使其陷入孤立境地，其将会面临再合作成本（主要包括经济成本和道德成本）的急剧增加及预期收益的极大损失，这会有效阻止其机会主义行为。建立声誉约束机制的具体措施包括：完善信息显示机制；建立声誉市场；建立联盟成员声誉评价机制；建立"成员不良行为警示和传播系统"；建立失信惩戒与守信激励机制；开展"守合同重信用涉农企业"和"守合同重信用农户"评选；完善社会信用体系；等等。

3. 隐性社会关系合同约束机制

隐性社会关系合同是相对于显性正式合同而言的，由于显性正式合同的不完备性等原因，显性正式合同在组织间关系中所起的作用是有限的（Macaulay，1963）。而隐性社会关系合同立足于在渠道成员之间建立关系规范，强调共享的社会规范和价值观，这些共享的规范和价值观会产生共赢的交易氛围，从而限制机会主义行为的发生。隐性社会关系合同主要涉及关系准则、关系资本、目标趋同与人际信任等。

本章小结

本章基于"合作共赢"的联盟构建目标，主要研究了农产品渠道联盟的信息共享机制、利益分配机制、信任机制和监督约束机制构建问题。

博弈分析显示，在农产品渠道联盟中，信息共享能提高参与信息共享的渠道成员的利润，农产品渠道联盟信息共享机制包括信息共享激励机制和信息共享保障机制。根据我国农产品渠道现状，可考虑通过信息技术将

[①] 声誉机制发生作用必须满足以下几个条件：第一，博弈必须是重复的，或者说，交易关系必须有足够高的概率持续下去。第二，当事人必须有足够的耐心。第三，当事人的不诚实行为能被及时观察到。因此，一个高效率的信息传递系统对声誉机制的建立具有至关重要的作用。第四，当事人必须有足够的积极性和可能性对交易对手的欺骗行为进行惩罚。"以牙还牙"不仅不是不道德的行为，而且是维持社会信用制度的必不可少的手段（张维迎，2004）。

搜集到的各种信息置入一个信息共享平台或集成数据库中心，打造"农产品一流三网"系统，以实现各个成员信息共享，并通过发展农产品电子商务来强化成员间的业务往来，逐步建立成员间的信息共享机制。

斯塔克尔伯格博弈模型分析显示，农产品渠道联盟利益分配主要受到成员努力程度、边际贡献大小、风险规避程度、市场风险大小等因素的影响，联盟合作创造的利润需要在关注风险、贡献和努力程度的条件下进行合理分配。构建科学合理的农产品渠道联盟利益分配机制包括：规范核心企业的行为，按成员的努力程度、边际贡献大小、风险规避程度、市场风险大小等进行分配并以联盟整体收益最优为准则，同时还需特别注意在配过程中对农户利益的保护。

农产品渠道联盟作为一种相互合作的网络组织，它的建立与成功运作是建立在信任基础上的，农产品渠道联盟中的信任对增强渠道主体间合作的灵活性，强化联盟成员的自动履约，降低成员间交易成本，减少合作中的冲突以及保持联盟关系的稳定具有重要作用。农产品渠道联盟信任机制构建包含信任评审机制、信任形成机制和信任保障机制三个方面的内容。

由于市场波动性、信息不对称性、合约的不完全性、成员的有限理性、成员间非对称依赖性、成员各方利益的差异性以及成员间在资源、文化、目标等的不一致性和不匹配性等原因，农产品渠道联盟常常会出现成员的机会主义行为，因此，为了约束联盟成员的机会主义行为，保证农产品渠道联盟健康、高效运行，必须从联盟内部和外部建立一种监督约束机制。包括成员选择机制、法律约束机制、声誉约束机制、隐性社会关系合同约束机制等。

第六章 农产品营销渠道联盟稳定性的理论与实证分析

第一节 问题的提出与文献回顾

虽然渠道联盟成为营销渠道发展的一个重要方向，但是伴随着联盟快速发展的是联盟的高失败率（Beamish，1985；Kogut，1988；蔡继荣，2006）。Das 和 Teng（2000）、Yan 和 Zeng（1999）研究得出结论，联盟的不稳定率高达30%—50%，因此联盟稳定性成为联盟研究的核心问题之一。

目前，对联盟稳定性的研究大多是针对战略联盟展开的，大体形成了资源基础理论解说、交易费用理论解说、博弈理论解说、社会困境理论解说等理论分支（蔡继荣，2006）。

资源基础理论认为，是"资源困境"（Resources Dilemma）导致了联盟中的企业可能过分防护自己的专有资源从而阻碍联盟中的信息、技术和知识等必要的共享，从而影响联盟收益并给联盟带来潜在的不稳定性。

交易费用理论认为，由于联盟的公共物品（Public Goods）性质和信息的不对称，导致逆向选择和道德风险，最终造成效率缩水，联盟失败（Hennart，1991）。

博弈论认为，战略联盟中企业之间的行为选择本质上是一个"囚徒困境"，由于存在道德风险，因此联盟并不是一个纳什均衡。通过增加博弈者的数量能够有效规避联盟中的不合作行为，降低专用性资产带来的"套牢"风险，进而规避联盟中的机会主义行为，有利于联盟稳定（Heide and Miner，1992）。

社会困境理论研究认为合作联盟是一个"社会困境"（Social Dilemma），

产生这一困境的根本原因也在于联盟的公共物品（Public Goods）性质，要有效解决社会困境，引入信任机制是解决问题的关键（Zeng and Chen，2003）。

但把联盟思想引入营销渠道领域，探讨渠道联盟稳定性的研究还颇为鲜见。目前学术界的研究主要是从供应链视角研究供应链联盟的稳定性。Landry（1998）认为关系投入意识有助于建立社会关系并促进供应链伙伴间的支持行为，进而形成稳固的伙伴间依赖关系。Fynes 和 Voss（2002）认为供应链信任关系的存在为伙伴创造了更好的工作环境，它能减少合同的规范性和监控性，为合作提供动力并减少不确定性。

一些学者指出，实施负激励，"套牢"的方式，增大未来贴现，互惠利他机制都会对联盟稳定性起到重要作用（朱顺泉，2004；申光龙、袁斌，2003；张路等 1999；尹洪英，2006）。总体来看，联盟稳定性的研究已经取得了一定的成果，但存以下研究缺口：

第一，联盟不稳定[①]似乎是联盟合作中的一种"常态"，但如何解决这种不稳定，除了关注"利益解决机制"这个"硬机制"以外，渠道成员对合作困难、未来前景等的心理预期以及渠道成员对声誉的认知这个"软机制"也是影响联盟稳定的因素，而这个"软机制"还没有引起学者们的足够重视。

第二，目前多数研究关注了战略联盟和供应链联盟的稳定性问题，但把两者核心思想引入到渠道联盟，解决渠道联盟稳定性的研究欠缺。

第三，目前还鲜有研究关注农产品渠道联盟稳定性，缺乏对影响农产品渠道联盟稳定性的理论分析、实证检验及稳定机制的研究。

第二节 农产品营销渠道联盟稳定性研究的界定

稳定是一个物理学和生态学概念，通常被理解为系统达到了一种平衡

[①] 不稳定性是指，联盟运行过程中出现非计划内的联盟目标、联盟契约和联盟控制方式等方面的变动以及联盟的解体或兼并（Michael Dietrich，1999）。不稳定性是相对于稳定性而言的，稳定并不等于成功，不稳定也并非一无是处，一味地将联盟的不稳定性视为"失败"的观点是错误的。所以，对建立渠道联盟的成员来说，这就需要既保证渠道联盟的稳定发展，正常运行，又保持联盟内部各因素力量适度的抗衡，使渠道联盟在动态中保持相对稳定。

状态，是系统运行的有序化。尹洪英（2006）从供应链联盟视角指出，供应链稳定性是指为供应链中的合作各方选择一种最有利于整个供应链健康发展的相互合作的行为而建立的一种友好合作关系的动态平衡。

笔者认同尹的观点，从营销渠道视角来看，笔者认为，营销渠道联盟稳定性是渠道成员间为了联盟整体健康发展而建立起来的为达到长久互惠关系的动态平衡。这种动态平衡是在联盟成员不断自我更新的发展中基于共同利益而保持的一种相对稳定状态，即当联盟上某个环节出现异常或波动时，其产生的影响不会导致整个联盟的解体或完全重构。研究渠道联盟稳定性主要研究如何解决联盟合作中的"太不稳定"问题，而并非研究如何实现联盟关系的永远不变。

农产品渠道联盟稳定性是指农产品渠道联盟中的合作各方（主要指农户、合作组织、龙头企业、经销商）为保持一种长久互惠合作关系的动态平衡。联盟的稳定性是联盟生存和发展的前提，农产品渠道联盟只有稳定发展才能在竞争激烈的市场中为联盟成员带来丰厚的经济利益。

考虑农产品渠道联盟的特点，并参考其他联盟的实践，对农产品渠道联盟稳定性的研究应从以下两个方面进行。

第一，研究对象。首先，从理论角度来看，任何联盟的组建总有一个企业充当发起者，成为联盟盟主，从构建我国农产品渠道联盟的可行性来看，充当联盟盟主的一般是加工企业或流通企业（龙头企业），而农户或者农户利益代表的合作组织以及农产品分销商大多充当盟友，但农产品龙头企业与农产品分销商之间渠道联盟的研究与工业品渠道联盟类似，不能很好体现农产品渠道的特点，在此不做专门研究。正如揭筱纹（2007）所言，与工业企业战略联盟不同的是，农产品渠道联盟不仅在企业之间进行，更主要的是在企业与广大农户之间进行。其次，从现实角度来看，目前我国已形成了诸如"公司+农户"的多种农产品渠道模式，由于这种农产品渠道模式既不是采用完全的市场交易组织形式，也不是采用完全纵向一体化的企业组织形式，而是一种介于市场和科层之间的混合结构形式。根据迈克尔·波特（1997）的定义：联盟是超越了正常交易并非直接合并的长期协议，这种渠道组织形式本质上属于联盟（揭筱纹，2007）。但这种联盟在现实中却表现出非常高的不稳定性，契约违约率高达80%（刘凤芹，2003）。因此，探讨龙头企业和农户间的渠道联盟的稳定性在当今历史条件下有着非常重要的意义。

基于以上考虑，本书对农产品渠道联盟稳定性的研究重点将放在研究龙头企业与农户之间渠道联盟关系的稳定性上。

第二，研究内容。如前所述，对联盟稳定性的研究大多关注"利益解决机制"这个"硬机制"，而从心理预期和声誉认知等这些"软机制"方面对渠道联盟稳定性的研究不够。因此，本书拟从"硬机制"和"软机制"两方面来研究我国农产品渠道联盟稳定性。从"硬机制"方面的研究是把农产品渠道联盟看作一种动态的平衡，应用演化博弈的分析模型研究影响农产品渠道联盟稳定性的因素，并提出保持农产品渠道联盟稳定性的策略。从"软机制"方面的研究是把农产品渠道联盟看成是一种网络组织，从联盟成员对合作困难、未来前景等的心理预期以及渠道成员对声誉的认知两方面探讨影响农产品渠道联盟稳定的因素，并提出保持农产品渠道联盟稳定性的策略。

第三节 基于演化博弈视角的农产品营销渠道联盟稳定性分析

以龙头企业为核心的农产品渠道联盟发展变化动态过程符合实践中"试探、学习、适应、成长"的行为逻辑，这一动态过程为演化博弈（黄志坚，2006）。

基于本书研究对象的界定，本部分拟运用演化博弈理论（Evolutionary Game Theory），分析影响农户和龙头企业为主体的农产品渠道联盟稳定性的因素，进而提出保持农产品渠道联盟稳定性的建议。

一 演化博弈模型

演化博弈论是一种集博弈理论和动态演化过程相结合的理论，它强调经博弈双方的动态变化过程。"演化稳定策略"（Evolutionary Stable Strategy，ESS）和"复制动态"（Replicator Dynamics）是其核心概念。定义如下：若策略 s^* 是一个"演化稳定策略"，其充分必要条件为：

（1） s^* 构成一个纳什均衡，即任意的 s，有 $u(s^*, s^*) \geq u(s^*, s)$；

（2） 如果 $s^* \neq s$ 满足 $u(s^*, s^*) = u(s^*, s)$，则必有 $u(s^*, s) > u(s, s)$。

复制动态描述的是某一"优策略"① 在一个种群中逐渐被接受的动态过程,可由如式 (6.1) 的动态微分方程给定。

$$\frac{1}{x_k}\frac{dx_k}{dt} = [u(k,s) - u(s,s)], k = 1,2,3,\cdots,K \tag{6.1}$$

其中, x_k 为一个群中采用不同策略 k 的比例, $u(k,s)$ 表示采用策略 k 时的适应度, $u(s,s)$ 表示平均适应度。

为了说明问题并不失一般性,假定就一个农户 F 与一个龙头企业 G 组成的纵向渠道联盟进行博弈分析。F 和 G 的策略集合分别为 K(合作,不合作)和 J(合作,不合作)。② 联盟通过"适者生存"原则和"鹰—鸽"博弈的思想自发演化形成。根据"鹰—鸽"博弈的思想建立农户和龙头企业博弈支付矩阵,如表 6-1 所示。

表 6-1　　　　　　　　　　博弈双方支付矩阵

		龙头企业 G			
		不合作（Non）(q)		合作（Coo）(1-q)	
农户 F	不合作（Non）(p)	V_F	V_G	V_F	$V_G - C_G$
	合作（Coo）(1-p)	$V_F - C_F$	V_G	$V_F + \Delta V_F$	$V_G + \Delta V_G$

V_F、V_G 分别表示博弈双方不合作时的正常收益;ΔV_F、ΔV_G 分别表示博弈双方合作时获得的额外收益,其额外收益的总和为 $\Delta V = \Delta V_G + \Delta V_F$(假设 ΔV、ΔV_G、$\Delta V_F > 0$);C_F、C_G 分别表示博弈双方为相互合作所投入的初始成本。

假定选择合作和不合作的农户比例分别为 $1-p$ 和 p;选择合作和不合作的龙头企业比例分别为 $1-q$ 和 q。

则农户 F 采用不合作策略时的适应度为:

$$U_{F,\text{non}} = qV_F + (1-q)V_F \tag{6.2}$$

农户 F 采用合作策略时的适应度为:

$$U_{F,\text{coo}} = q(V_F - C_F) + (1-q)(V_F + \Delta V_F) \tag{6.3}$$

---

① 所谓"优策略"是指该策略的适应度或支付（Pay off）比种群的平均适应度高,即这种策略的增长率 $\frac{1}{x_k}\frac{dx_k}{dt}$ 大于零。

② 这里假定合作表示渠道联盟稳定,不合作表示渠道联盟不稳定。

而农户 F 的平均适应度为：

$$U(s,s) = pU_{F,non} + (1-p)U_{F,coo} \tag{6.4}$$

因此，农户 F 选择不合作策略的重复动态由（6.1）式、（6.2）式、（6.4）式给出：

$$dp/dt = p(1-p)[-\Delta V_F + (C_F + \Delta V_F)q] \tag{6.5}$$

同理，龙头企业 G 选择不合作策略的重复动态为：

$$dq/dt = q(1-q)[-\Delta V_G + (C_G + \Delta V_G)p] \tag{6.6}$$

微分方程（6.5）式和（6.6）式描述了博弈双方组成的渠道系统的演化状态，根据弗里德曼（Friedman，1991）提出的方法，其演化的结果为：系统在平面 $M = \{(p, q): 0 \leq p, q \leq 1\}$ 上，有 5 个平衡点，分别为不稳定点（1，0）和（0，1）、稳定点（0，0）和（1，1），以及鞍点 $D = \{\Delta V_F/(C_F + \Delta V_F), \Delta V_G/(C_G + \Delta V_G)\}$（肖条军，2004）。

二 模型分析

第一，当 $\Delta V_F = C_F$、$\Delta V_G = C_G$ 时，即合作付出的成本等于合作产生的额外收益时，鞍点 $D =$（0.5，0.5），演进过程如图 6-1 所示。此时，三角形 AOC 面积与三角形 ABC 面积相等，系统向 O（0，0），即全面合作（联盟关系最稳定，下同）演进的概率与向 B（1，1），即完全不合作（联盟关系最不稳定）演进的概率相等。也就是说，农户和龙头企业的渠道联盟稳定与否的概率相等。

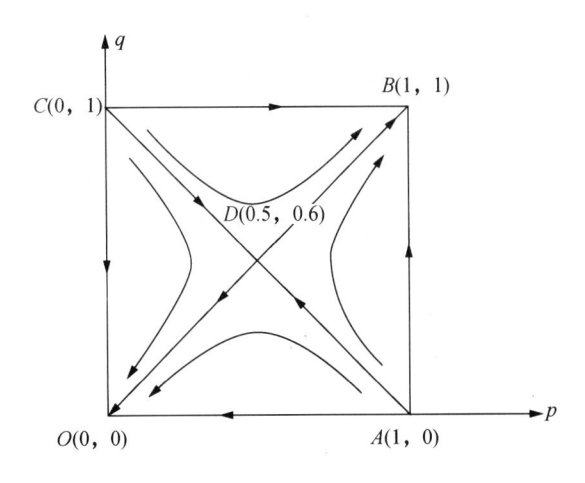

图 6-1 合作收益等于合作成本情况下农产品渠道联盟的动态演化

第二，当 $\Delta V_F < C_F$、$\Delta V_G < C_G$ 时，即合作收益小于合作成本时，鞍点 D 将向左下方移动，演进过程如图 6-2 所示。因为，$ADCB$ 面积大于 $ADCO$ 的面积，联盟向 B（1，1）即完全不合作演进的概率大于向 O（0，0）即全面合作演进的概率。此时，渠道联盟关系出现不稳定。

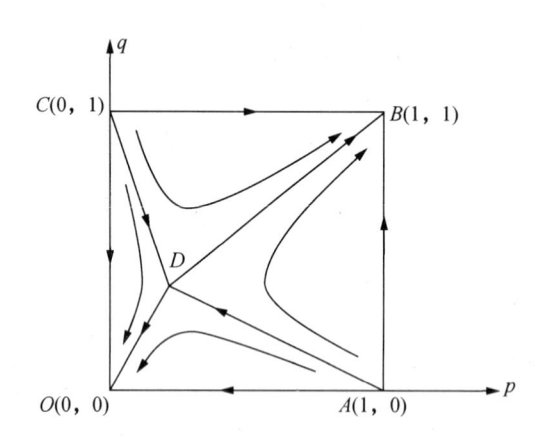

图 6-2　合作收益小于合作成本情况下农产品渠道联盟的动态演化

第三，当 $\Delta V_F > C_F$、$\Delta V_G > C_G$ 时，即合作收益大于合作成本时，鞍点 D 将向右上方移动，演进过程如图 6-3 所示。此时，$ADCB$ 面积小于 $ADCO$ 的面积，联盟向 O（0，0）即全面合作演进的概率大于向 B（1，1）即全面不合作演进的概率，此时，渠道联盟关系趋于稳定。

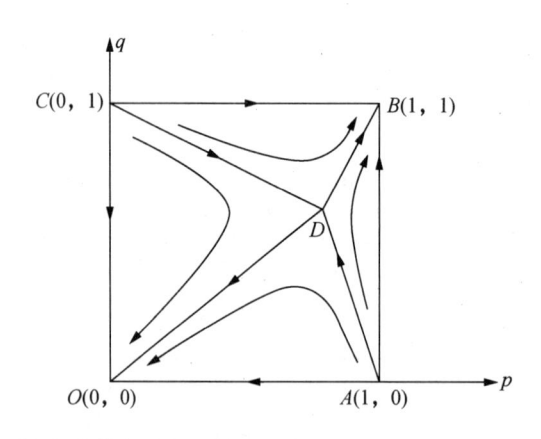

图 6-3　合作收益大于合作成本情况下农产品渠道联盟的动态演化

第四，当 $\Delta V_F < C_F$、$\Delta V_G > C_G$ 时，有两种情况（见图6-4）。

（1）当 $\dfrac{\Delta v_G}{c_G + \Delta v_G} < \dfrac{c_F}{c_F + \Delta v_F}$ 时，即鞍点落在 D^1 处，即农户合作收益低于合作成本，龙头企业合作收益高于合作成本，但龙头企业的相对收益（这里，把 $\dfrac{\Delta v_G}{c_G + \Delta v_G}$ 称为相对收益）低于农户相对成本（把 $\dfrac{c_F}{c_F + \Delta v_F}$ 称为相对成本），农户选择不合作力量大于龙头企业选择合作的力量，联盟将向不合作状态演进，渠道联盟趋于不稳定。

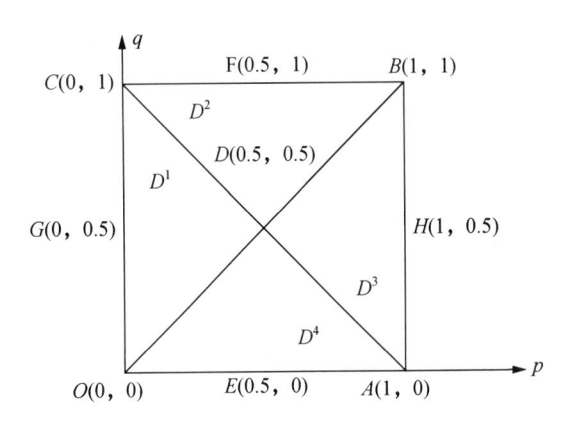

图6-4 鞍点其他位置情况

（2）当 $\dfrac{\Delta v_G}{c_G + \Delta v_G} > \dfrac{c_F}{c_F + \Delta v_F}$ 时，即鞍点落在 D^2 处，即农户合作收益低于合作成本，龙头企业合作收益高于合作成本，但龙头企业的相对收益高于农户的相对成本，龙头企业选择合作力量大于农户选择不合作力量，联盟将向全面合作状态演进，此时，渠道联盟关系趋于稳定。

第五，当 $\Delta V_F > C_F$、$\Delta V_G < C_G$ 时，也有两种情况（见图6-4）。

（1）当 $\dfrac{\Delta v_G}{c_G + \Delta v_G} > \dfrac{c_F}{c_F + \Delta v_F}$ 时，即鞍点落在 D^3 处，则 CD^3、AD^3 连接左下方面积大于右上方的面积，也就是说，农户合作收益高于合作成本，龙头企业合作收益低于合作成本，但龙头企业的相对收益高于农户相对成本，农户的合作力量大于龙头企业的不合作力量，联盟将向合作状态演进，此时，渠道联盟关系趋于稳定。

(2) 当 $\frac{\Delta v_G}{c_G + \Delta v_G} < \frac{c_F}{c_F + \Delta v_F}$ 时，即鞍点落在 D^4 处，则 CD^4、AD^4 连接左下方的面积小于右上方的面积，也就是说，农户合作收益高于合作成本，龙头企业合作收益低于合作成本，但龙头企业的相对收益低于农户的相对成本，龙头企业的不合作力量大于农户的合作力量，联盟将向不合作状态演进，此时，渠道联盟关系趋于不稳定。

第六，考虑贴现因子和博弈初始状态情况。用 δ_F、δ_G 表示农户和龙头企业的贴现因子且 $0 < \delta_F$、$\delta_G < 1$。令 $\Delta V = \Delta V_G + \Delta V_F$，根据罗宾斯坦定理（Rubinstein，1982），如果龙头企业首先出价（初始状态），则龙头企业与农户讨价还价的结果是：

$$\Delta v_F = \frac{\delta_F(1-\delta_G)}{1-\delta_F\delta_G}\Delta v \tag{6.7}$$

$$\Delta v_G = \frac{1-\delta_F}{1-\delta_F\delta_G}\Delta v \tag{6.8}$$

将（6.7）式、（6.8）式代入鞍点公式，可得：

$$D = \left(\frac{1}{\frac{1-\delta_F\delta_G}{\delta_F(1-\delta_G)} \cdot \frac{c_F}{\Delta v} + 1}, \frac{1}{\frac{1-\delta_F\delta_G}{1-\delta_F} \cdot \frac{c_G}{\Delta v} + 1}\right)$$

可见，鞍点的位置还受农户和龙头企业贴现因子以及合作创造的额外总收益的影响。

(1) 当农户和龙头企业的贴现因子增大时，鞍点将向右上方移动，*AOCD* 面积增大，合作概率增加，渠道联盟趋于稳定；反之，渠道联盟趋于不稳定。

(2) 当合作产生的额外总收益增大时，鞍点将向右上方移动，*AOCD* 面积增大，合作概率增加，联盟将向合作方向演进，渠道联盟趋于稳定。反之，渠道联盟趋于不稳定。

三　结论及建议

从以上动态演进历程可以看出，联盟关系演化的长期均衡结（即稳定与否）与该博弈的支付矩阵密切相关，即在一定的信息引导机制下，演化博弈结果受博弈双方初始状态影响。其影响因素包括：

(1) 合作产生的超额利润（ΔV）。当合作产生的额外收益越大时，鞍点将向右上方移动，*AOCD* 面积增大，合作概率增加，渠道联盟趋于稳定。这就要求农户和龙头企业注重能否实现资源的互补性、技术以及产品等方面的协同效应，以实现因合作产生的额外收益最大化，从而保证农户与龙头企业渠道联盟的稳定。

(2) 农户与龙头企业为渠道合作所付出的成本（C_F，C_G）。当农户和龙头企业为渠道联盟合作而付出的成本（主要是为合作而付出的交易成本）越小时，其合作的障碍就小，合作策略的概率就会增大。这就要求，农户和龙头企业在进行渠道关系建立时，注重双方信息的共享，建立有效的信息共享机制和良好的协作机制，减少合作中相互协调、相互适应的成本，这有利于渠道联盟的稳定。

(3) 合作收益与合作成本的比值（$\Delta V/C_F$，$\Delta V/C_G$）。较高的合作收益和较低的合作成本会吸引农户和龙头企业采取合作策略，但是否真正采取合作策略，还取决于农户或龙头企业收益与成本比值。因此，在实践中，为了促进农产品渠道联盟的长期稳定，必须依据公平原则，建立有效的利益分配机制，从而促进渠道关系的稳定发展。

(4) 农户和龙头企业之间的相对收益与相对成本之比（$\frac{\Delta v_G}{c_G + \Delta v_G}$）。在一方收益大于成本，另一方收益小于成本的情况下，系统将向什么方向演化，将取决于一方的相对收益与另一方的相对成本的对比。因此，在难以保证各方公平受益前提下，尽量降低对方的合作成本，或者从其他方面给另一方面利益补偿，也能使系统向全面合作方向演进，保证渠道联盟关系的稳定。为此，龙头企业为渠道联盟成员提供避险工具，采取"随行就市，保底收购"的价格条款来保证农户的利益，进而促进联盟关系的稳定是一个很好的选择。

(5) 农户与龙头企业各自的贴现因子（δ_F，δ_G）。贴现因子可理解为农户与龙头企业对未来合作产生的额外收益的依赖或重视程度，也反映了双方对信任的依赖程度。贴现因子越大，说明未来收益对博弈双方带来的效用越大，双方合作的概率越大；贴现因子越小，说明双方更看重眼前利益，采取机会主义行为的概率就大，不利于渠道联盟的稳定。因此，双方建立信任关系，有助于系统向合作的方向演进，保证渠道联盟关系的稳定发展。

总之，为了促进建立高效而稳定的农产品渠道联盟，在长期不断的博弈中，具有操控实力的龙头企业必须具有合作意识，重视演化博弈系统中引导演化关系的重要因素。比如，提高渠道合作收益，降低合作成本，建立公平的利益分配机制和利益补偿机制,建立良好的信任机制等,这将使渠道联盟向着有利稳定的方向发展。

第四节 基于心理预期视角的农产品营销渠道联盟稳定性分析

由上分析可知,影响农产品渠道联盟稳定性的因素之一是联盟主体间的利益关系,任何一种农产品渠道联盟上的核心企业都必须认真考虑联盟体的其他成员的利益(张敏,2004)。建立良好的利益分配机制对渠道联盟协调稳定发展具有重要作用,它是保持农产品渠道联盟稳定的硬性机制。

但由于农产品渠道联盟的成员对各种策略情况下的收益预期不一,利己主义的动机必然驱使他们追逐更大的利益,一旦预期在将来某种情况下的收益优于(或劣于)现状,会毫不犹豫地采用新的策略,其策略的变化轻则改变联盟结构,重则退出联盟,致使联盟解体。因此,农产品渠道联盟成员对合作困难、未来前景等心理预期也是影响联盟稳定的因素,它是影响农产品渠道联盟稳定的软性机制。鉴于此,本文把心理预期变量引入到农产品渠道联盟利益分配的模型中,探讨农产品渠道联盟的稳定性问题。

一 模型假设

在此以第五章中农产品渠道联盟利益分配模型为基础,其他假设不变,但引入心理预期变量,即假定农产品渠道联盟创造的总收益为:$R = R_G(t_G) + R_F(t_F) + \varepsilon$,其中 ε 是不受龙头企业和农户控制的外生随机变量,$\varepsilon \sim N(\mu, \sigma^2)$,$\mu_G$,$\mu_F$ 分别是龙头企业和农户对 ε 均值的估计,它们可以反映龙头企业和农户在信息不对称条件下对于合作中可能遇到的困难的估计,也可以看成是龙头企业和农户对自然状态 ε 的心理预期。一般良好的状态即与较大的估计值对应并意味着较小的困难(黄深泽,2005)。σ^2 为市场风险,代表农产品渠道联盟总收益的波动大小。

二 讨论与分析

根据斯塔克尔伯格博弈思想,农产品渠道联盟利润分配的一般模型可描述如下:

第六章 农产品营销渠道联盟稳定性的理论与实证分析

$$\max_{t_G, t_F} E[V(R - C_G(t_G) - S)]$$
$$\text{s.t. } E[U(S - C_F(t_F))] \geq U(w_0) \qquad (6.9)$$
$$\max_{t_F} E[U(S - C_F(t_F))]$$

考虑风险因素,假定农户效用函数具有不变绝对的风险规避特征,则农户风险成本为(郑文军等,2001):$C_F^{risk}(w) = \frac{1}{2}\rho\beta^2 Var(S) = \frac{1}{2}\rho\beta^2\sigma^2$,$\rho$ 为农户的风险规避系数。于是上述一般模型(6.9)式的等价形式为:

$$\max_{t_G, s_0, \beta} [(1-\beta)(R_G(t_G) + R_F(t_F) + \mu_G) - C_G(t_G) - S_0] \qquad (6.10)$$

$$\text{s.t. } S_0 + \beta[R_G(t_G) + R_F(t_F) + \mu_F] - \frac{1}{2}\rho\beta^2\sigma^2 - C_F(t_F) \geq W_0 \qquad (6.11)$$

$$t_F \in \arg\max[S_0 + \beta(R_G(t_G) + R_F(t_F) + \mu_F) - \frac{1}{2}\rho\beta^2\sigma^2 - C_F(t_F)] \qquad (6.12)$$

在非对称信息条件下,由于农户的努力水平 t_F 不可观察,因此,(6.12)式对 t_F 求极值可得:

$$\beta R'_F(t_F) = C'_F(t_F) \qquad (6.13)$$

将(6.11)式中 S_0 代入(6.11)式,结合(6.13)式并对 β 求导,可得:

$$\beta = \frac{R'_F(t_F)\frac{\partial t_F}{\partial \beta} + (\mu_F - \mu_G)}{\rho\sigma^2 + R'_F(t_F)\frac{\partial t_F}{\partial \beta}} \qquad (6.14)$$

从(6.14)式中可以看出,如果不存在心理预期因素影响,即 $\mu_G = \mu_F$ 时,那么农户的收益分成系数(β)与其努力程度(t_F)和其对联盟的边际贡献 $[R'_F(t_F)]$ 成正相关关系,与农户的风险规避度(ρ)和市场风险(σ^2)成负相关关系。这些因素可以看作影响农产品渠道稳定的硬性机制。

在不对称信息条件下,随着农产品渠道联盟合作关系的深入,龙头企业和农户心理预期都会发生变化(黄深泽,2005)。由(6.14)式可以看出,龙头企业和农户的心理预期 μ_G,μ_F 的差异($|\mu_G - \mu_F|$)也会影响联盟利益分配,进而影响联盟稳定性,主要表现为:

(1)若 $\mu_G > \mu_F + R'_F(t_F)\frac{\partial t_F}{\partial \beta}$,那么,$\beta < 0$。即此时龙头企业应采取负激励措施才能使自己追求得到自身效用最大化,而对于农户来说,就意

味着贡献越多收入越少,此时农户的最优策略是使产出为零来换取固定报酬,这就损害了龙头企业的利益,这种渠道联盟就难以维持。

(2) 若 $\mu_G < \mu_F - \rho\beta^2$ 时,那么,$\beta > 1$,也就是说,此时龙头企业要拿出比产出大的份额来激励农户才能使自身效用达到最大化,如果龙头企业追求效用最大化就会损害龙头企业的利益,这种渠道联盟也难以维持长久。

(3) 若 $\mu_F - \rho\beta^2 < \mu_G < \mu_F + R'_F(t_F) \dfrac{\partial t_F}{\partial \beta}$ 时,那么,$0 < \beta < 1$,起初龙头企业和农户的心理预期分别为 μ_G^0、μ_F^0,农产品渠道联盟契约为 β_0,合作过程中龙头企业和农户的心理预期发生变化,变成 μ_G、μ_F,并且 $\mu_F - \mu_G > \mu_F^0 - \mu_G^0$,此时,龙头企业为了追求自身效用最大化就要将契约改为 β,由(6.14)式知,$\beta > \beta_0$,在合同尚未完成,龙头企业可能无法更改契约,但当一个合同完成后,由于龙头企业要追求自身效用最大化,就必定采用新的契约 β,由于 $\beta > \beta_0$,这就使农户在双方的心理预期变化时承担更多的风险,又由于我们假定农户是风险规避的,就会引起农户的心理变化,进而影响到下一个合同能否续约,使渠道联盟关系出现不稳定。

三 结论及建议

通过以上分析可知,在不对称信息条件下,除了农户边际贡献大小、风险规避程度、市场风险大小等直接经济利益影响渠道联盟稳定性外,双方对客观自然状态的心理预期也会影响联盟的稳定。因此,可从以上两方面提高农产品渠道联盟的稳定性。

(1) 建立公平有效的利益分配机制和科学的农产品渠道联盟绩效评价体系。建立科学的农产品渠道联盟绩效评价体系,可以清楚地认识各成员自身的资本为整个联盟收益所起到的促进作用,明确分辨各成员在联盟获利过程中所做出的贡献,从而能够以此为依据,更加公平有效地进行利益分配,进而保证农产品渠道联盟的稳定运行。

(2) 建立有效的信息共享机制。由以上分析可知,心理预期变化会对农产品渠道联盟稳定造成影响,产生这种现象的主要原因在于合作中存在沟通障碍,因此,在农产品渠道联盟中建立有效的信息共享机制就成为稳定合作关系的重要机制(Cremer David,1999)。信息共享实际上降低了双方心理预期的不一致性(即 $|\mu_G - \mu_F|$ 变小),通过共享信息,能够实现顺畅的合作关系。建立有效的农产品渠道联盟信息共享机制的内容包括

发挥龙头企业的"信息中心"作用和政府的"信息中介"作用,建立联盟信息共享激励机制和保障机制。

第五节 基于声誉视角的农产品营销渠道联盟稳定性分析

声誉理论认为,声誉可以作为显性契约的替代物,可以在一定程度上约束成员的机会主义行为,保持联盟的稳定。

经典的声誉治理模型是1982年由克雷普斯、威尔逊、米尔格罗姆和罗伯茨(Kreps,Wilson,Milgrom and Roberts)四位学者提出的KMRW模型,本书参考了KMRW模型和刘芹(2007)提出的产业集群交易行为声誉治理模型,从纵横联盟两方面(即把渠道联盟看作网络组织)对农产品渠道联盟稳定性进行探讨,力求说明"声誉解决机制"对农产品渠道联盟成员稳定合作的重要意义。

一 模型假设

模型假定在一个充分竞争环境下,进行博弈的渠道联盟参与人有 $y+1$ 个成员,联盟中除了成员1,其他成员(假定成员 i)都具有良好的合作意识,不会先采取机会主义行为。在第一阶段博弈中成员 i 采用合作策略,后面阶段的策略将根据成员1上一阶段的策略而调整,一旦1选择不合作,成员 i 从此不再和1合作。

成员1有两种类型:合作型和不合作型。不合作型1也可能为了最后阶段的不合作以获取更多利益而在前期交易过程中伪装为合作型。成员1的真实类型是私有信息。

成员1侵占率[①]越高,效用越大;同时在长期重复博弈过程中,成员 i 能观测到成员1的行为并随之调整对策,所以1对 i 侵占带来的效用会由于 i 的防御性措施而递减。

渠道联盟中所有成员都和1同时发生交易行为,建立在交易基础上判断1的声誉。

---

① 表示成员1超出契约规定的应得收益对成员 i 利润最大可能占有量的占有率,也可以理解成为成员1对成员 i 的一种无效率的交易行为(包括推卸责任、拖延交货时间等)。

因为要讨论的是在联盟中所有 y 个合作成员和 1 交易过程中,不合作型 1 将在何种条件下伪装合作。因此,提出假设 5。

假定 1 在和所有成员交易的过程中的单阶段效用函数为(张维迎,2002;夏天、叶民强,2006):

$$U_1(V_i) = -1/2 \sum_{i=1}^{y} V_i^2 + \alpha \cdot \sum_{i=1}^{y}(V_i - V_i^e) \qquad (6.15)$$

V_i($0 \leq V_i \leq 1$)为 1 对 i 的实际侵占率,若 1 选择合作,则有 $V_i = 0$;反之 $V_i = 1$。V_i^e 是 i 对 1 行为的预期侵占率。α 是 1 的类型,$\alpha = 0$ 代表合作型,$\alpha = 1$ 代表非合作型。在博弈开始时,i 认为 1 是合作的概率是 P_0,不合作的概率是 $1 - P_0$。

二 模型分析

第一种情况:不存在声誉机制条件下农产品渠道联盟声誉模型分析。假定成员 1 对所有成员 i 具有相同的侵占率,从而所有 i 对 1 的预期侵占率相同,由于 y 个成员间几乎不存在声誉传播机制,i 是否和 1 合作取决于 i 自身与 1 交易历史积累下来的声誉。

设 q_t 为 t 阶段 1 选择合作的概率,q_t' 为 i 认为 1 合作的概率。如果在 t 阶段 i 没有观察到 1 的非合作行为,根据贝叶斯法则,i 在 $t+1$ 阶段认为 1 仍会合作的后验概率是:

$$P_{t+1}^i(\alpha = 0 \mid V_{i \to t} = 0) = P(V_{i \to t} = 0 \mid \alpha = 0) \cdot P(\alpha = 0)/P(V_{i \to t} = 0) = 1 \cdot P_t^i/[P_t^i \cdot 1 + (1 - P_t^i) \cdot q_t'] \geq P_t^i \qquad (6.16)$$

这里的 $V_{i \to t}$ 表示成员 1 在 t 阶段对 i 的侵占率,P_t^i 为 t 阶段 i 认为 1 是合作型的概率,$P(V_{i \to t} = 0 \mid \alpha = 0) = 1$ 指 1 为合作型情况下合作的概率。由(6.16)式可得:

结论 1:如果 t 阶段 1 合作,则 i 认为 1 是合作企业的概率上升。

如果 1 在 t 阶段选择非合作,则 i 在 $t+1$ 阶段认为 1 是合作型的概率为 $P_{t+1}^i(\alpha = 0 \mid V_{i \to t} = 1) = P_t^i \cdot 0/[P_t^i \cdot 0 + (1 - P_t^i)q_t'] = 0$。因此可得:

结论 2:一旦 1 发生不合作行为,i 则认为 1 是非合作型。

设 t 阶段为最后阶段,则 t 阶段相当于一次博弈,非合作型 1 无须合作,其最优选择是 $V_{i \to t} = \alpha = 1$。并且 i 知道 1 的最优策略,故 i 对 1 的预期 $V_{i \to t}^e = 1 - P_t$(即 $q_t' = 0$)。此时,非合作型 1 的效用水平是:

$$U_1(1) = -1/2 \sum_{i=1}^{y} V_{i \to t}^2 + \sum_{i=1}^{y}(V_{i \to t} - V_{i \to t}^e) = y(P_t - 1/2) \qquad (6.17)$$

由 (6.17) 式可得：$\partial U_1/\partial P_t = y > 0$，因此可得：

结论3：非合作型1最后阶段的效用是其在与成员交易过程中培养的声誉的增函数，非合作型1会积极伪装成合作以及维持社会公众形象。

结论4：i 越认为1是合作型，P_t 越大，则1在最后阶段侵占 i 的效用越大。

现在考虑非合作型1在 $t-1$ 阶段的策略选择行为。因为 t 阶段为最后阶段，并且非合作型1在 $t-1$ 阶段之前都是合作的，$t-1$ 阶段之前1的合作行为保证了 $P_{t-1} > 0$，并且 i 对1的侵占率预期是 $V_{t-1}^e = 1 \times (1 - P_{t-1})(1 - q'_{t-1})$。令 δ 为1的贴现因子，这里仅考虑纯战略，即 $q_{t-1} = 0, 1$（因为当两种纯战略带来的期望效用相等时，参与人才会选择混合战略）。对1在 $t-1$ 阶段的两种战略选择的效用进行比较。如果：非合作型1在 $t-1$ 阶段不合作，即 $q_{t-1} = 0$，$V_{t-1} = 1$，且 $P_t = 0$，此时该非合作型1在和 i 交易的过程中总效用是：

$$U_{t-1}(1) + \delta U_t(1) = [-1/2y + y(1 - V_{t-1}^e)] - 1/2y\delta = y(1/2 - V_{t-1}^e - 1/2\delta) \quad (6.18)$$

非合作型1继续在 $t-1$ 阶段伪装合作，即 $q_{t-1} = 1$，$V_{t-1} = 0$，此时非合作型1的总效用为：

$$U_{t-1}(0) + \delta U_t(1) = y[-V_{t-1}^e + \delta(P_t - 1/2)] \quad (6.19)$$

因此，如果下列条件满足，则 (6.19) 式大于 (6.18) 式时，即：

$$P_t \geq 1/(2\delta) \quad (6.20)$$

由 (6.20) 式可知：当 $P_t \geq 1/(2\delta)$ 时，非合作型1应该继续伪装合作。又因为在均衡情况下，对非合作型1有 $q'_{t-1} = q_{t-1} = 1$，故 $P_t = P_{t-1}$。因此可得：

结论5：当 i 在 $t-1$ 阶段认为1是合作型的概率大于等于 $1/(2\delta)$ 时，非合作型1就会假装合作。

这表明在联盟内部成员合作的声誉越高，其维持良好声誉的积极性就越高。但是，当 i 并不知道1是合作型还是非合作型时（即 $V_{t-1}^e < 1$），一方面，如果1在 $t-1$ 阶段利用这个声誉而采取不合作行为，则 $t-1$ 阶段的效用为 $U_{t-1}(1) = y(1/2 - V_{t-1}^e)$；而 T 阶段已经被 i 认定为不合作类型，效用 $U'_t(1) = -1/2y$。另一方面，如果 $t-1$ 阶段仍然合作，而在 t 阶段利用以前的声誉而不合作，这种情况下 $t-1$ 阶段的收益为 $U_{t-1}(0) = -yV_{t-1}^e < y(1/2 - V_{t-1}^e) = \tilde{U}_{t-1}(1)$；而 T 阶段收益为 $U_t(1) = y$

$(P_t - 1/2) > -1/2y = U'_t$，(1)。因此，可得：

结论6：如果非合作型1在第一时期建立声誉且在第二时期利用声誉，它将在第一时期损失一部分效用，但在第二时期将获得更多的效用。

结论7：当$P_0 \geq 1/(2\delta)$时，i和非合作型1之间的博弈存在均衡策略：非合作型成员1在$t=0,1,\cdots,T-1$阶段都选择不侵占，即$V_{i \to 0} = V_{i \to 1} = \cdots = V_{i \to (t-1)} = 0$，而在$t$期选择侵占$V_{i \to t} = 1$，$i$在任何阶段都选择合作。

结论6、结论7表明联盟中存在机会主义和败德行为，而且由于这种行为的存在，可能会直接导致联盟的不稳定甚至解体。

第二种情况：存在声誉机制条件下农产品渠道联盟声誉模型分析。在成员间存在声誉传播机制下，i是否和1进行交易不仅取决于i和1交往的历史声誉，还取决于1和联盟中的其他成员（$i-1$）个的交易声誉。

令t阶段1在i处建立的声誉为P_t^i，即t阶段i在不知道1和其他成员交易的情况下，i认为1是合作类型的概率为P_t^i。这样联盟内部任一成员对1的判断都将直接影响到其他成员的判断，故1的实际声誉为所有成员判断的函数，即$P_t = f(P_t^1, P_t^2, \cdots, P_t^i, \cdots)$。设$\overline{P}_t$为联盟内其他成员认为1合作的平均概率；$P_t^{i'}$表示为$i$对1的认识进行调整后的概率。如果有一个成员认为1是不合作类型，对1的声誉认定为0（即$P_t^i = 0$），则$P_t^{i'} = 0$，即所有成员都将认为1是不合作类型，从而不再与之合作。分析知，在$P_t^i \neq 0$时有（刘芹，2007）：

$$P_t^{i'} = P_t^i + \lambda(\overline{P}_t - P_t^i) \tag{6.21}$$

这里，$\overline{P}_t = \sum_{j=1}^{y} \omega_j P_t^j / y$，系数$\omega_j$为声誉在联盟中的传播效率，$0 < \omega_j < 1$。$\lambda$为$i$对1因其他成员认为1是合作的而对1的印象系数，$0 \leq \lambda \leq 1$。由(6.21)式可以得：

结论8：当$\overline{P}_t > P_t^i$，则$P_t^{i'} > P_t^i$，说明当联盟内认为1是合作的平均概率大于自己对1的认识时，在下一阶段交易前，对1是合作类型的信心增强。

结论9：当$\overline{P}_t < P_t^i$，则$P_t^{i'} < P_t^i$，说明当联盟内成员认为1是合作的平均概率小于自己对1的认识时，在下一阶段交易时，将会降低对1的评价。

上述结论表明，联盟中成员对 1 的合作概率判断高于 i 对 1 的判断时，i 将调高对 1 合作概率的判断；反之则调低对 1 合作概率的判断。声誉传导机制的存在使交易双方对彼此的声誉的评价更客观、全面，且具有一定乘数效应。因此，在联盟中，声誉机制能更大程度上对其交易行为进行约束，进而在一定程度上保证联盟的稳定。

另外，联合（6.20）式和（6.21）式并假定每个成员对 1 的判断（$P_t^j = P_t^i$）以及声誉传播的效率（$\omega_j = \omega_i = \omega$）都相同，可得到：

$$P_t^i \geq 1/[2\delta(1 - \lambda + \lambda \cdot \omega)] \tag{6.22}$$

这意味着，即当 i 在 $t-1$ 阶段认为 1 是合作型的概率不少于 $1/[2\delta(1-\lambda+\lambda\cdot\omega)]$ 时，非合作型 1 就会假装合作。综合以上两个方面分析，我们可以得：

结论 10：当联盟成员间没有声誉传播效应，即不对 P_t^i 进行调整的时，$P_t^i \geq 1/(2\delta)$，也就是说当 i 对 1 合作的类型的认识大于 $1/(2\delta)$ 时，1 将继续伪装合作，从而在将来通过侵占他人利益而获得更大的利益。而当联盟成员间有声誉传播效应时，只有当 i 对 1 合作的类型的认识大于 $1/[2\delta(1-\lambda+\lambda\cdot\omega)]$ 时，1 才会继续伪装合作。

另外，由于 $0 < \omega < 1$，故 $1/[2\delta(1-\lambda+\lambda\cdot\omega)] > 1/(2\delta)$。结合结论 10 可以看出，在联盟内，联盟成员间存在声誉传播效应时，当其他成员对 1 的合作的信任度高于不存在联盟声誉传播效应情况下 i 对 1 的合作的认识时，1 才会有动力去伪装合作。如果其他成员对 1 的认识不能达到这样的一个高度，1 则不会继续伪装合作。因此，在存在联盟成员间声誉传播效应情况下，声誉机制发挥重要作用，且比在没有声誉传播效应情况下更能约束和识别非合作成员（刘芹，2007）。因为伪装机会主义的非合作行为成本更高，更容易被识别，从而减少伪装合作的成员数量，进而制约联盟内机会主义行为的发生，保持联盟的稳定。

三 结论及建议

通过以上分析，可以得出如下结论。

（1）与不存在声誉传播机制相比，存在声誉传播机制情况下，伪装合作成员要获得更大的收益，必须累积更高的声誉资产，这在一定程度上限制了机会主义的发生。因为，即使是天生不守法或不守信用的成员，为了获取更大的长期收益，也会变得规矩守信。在声誉效应这一激励约束机制的作用下，渠道联盟成员之间的合作对联盟的运作是有效率的，它会驱使成员为了获得长期利益最大化而放弃短期机会主义行为，进而维持联盟的稳定。

（2）联盟成员良好的声誉能给其带来超额收益。Fombrun 和 Van Riel （2004）认为，声誉度（RQ）较高的企业声誉不仅有利于扩延企业的边界，并可以作为实际资本的替代物参与投资，并由此获得声誉租金。当所有的渠道成员都把声誉当作一种资本时，稳定的渠道联盟关系即可得到建立和维系，并为合作成员带来价值增值。

（3）如果联盟成员缺乏长期合作信心，由此企业没有兴趣建立自己的长期声誉，就会导致一次性的博弈现象和短期博弈现象，导致频繁的"合作终止现象"甚至联盟体的解散。

（4）因为存在信息的不对称，会使得成员在交易背后采取机会主义行为，而且其他成员很难观察或证实（卢福财、胡平波，2005）。因此，虽然声誉机制对联盟成员合作的激励作用和联盟稳定很重要，但这一机制作用是有条件的。

针对联盟合作中容易出现的一些问题（一次性博弈现象，信息不对称，合作终止现象等），应从以下几方面建立农产品渠道联盟的稳定机制。

（1）建立农产品渠道联盟内部信息组织与交流系统，发挥声誉系统的信号甄别和信号搜寻作用。声誉信息在各个成员间的交换、传播，形成声誉信息流、声誉信息系统及声誉信息网络，成为信息的显示机制，有效限制了信息扭曲，增加了交易的透明度，降低了交易成本。声誉效应不能保证联盟成员选择最优努力水平，但至少能够让联盟成员尽可能地做到最好，以增加其长期效用。作为渠道联盟成员，应充分认识到"声誉的维持效应"和"声誉的建立效应"对自身和联盟发展的重要作用。

（2）核心企业应将引导联盟成员建立声誉机制作为其最重要的目标之一。建议可以建立农产品渠道联盟声誉测量机制，国外已有的声誉测量工具主要包括《财富》杂志的 AMAC 和 GMAC 评选、由 Fombrun 和 Harris 构建的声誉商数模型以及由 Manfred 提出的二维评估模型（徐金发、刘靓，2004），这些都值得借鉴。

（3）建立社会（如信用中介）、行业（如协会）的网络监督系统。让成员认识到除了直接联盟合作以外，整个经济社会、行业都是与之紧密相连广义上的合作网络，让更多的第三方发挥"监督"作用，成员的行为受到约束，激励成员终身重视自身声誉的积累，由于社会、行业监督系统使得联盟中每个成员的长期博弈耐心（即贴现 δ）增强，因此即使在联盟外部交易过程中不是合作的，但在具有社会、行业网络系统内其有保持终生的声誉，以取得其他成员的信任的动力，这有助于联盟关系的稳定。

（4）创造合作、共赢、诚信的渠道联盟文化氛围。合作、共赢、诚信理念是联盟成员对未来合作充满信心的基础，是激励成员长期积累自身声誉的基础。在农产品渠道联盟构建中，信任是最根本的理念。在渠道联盟实施之初，成员之间关系的维持更多依靠的是相互之间的协议和约束机制，而随着交往的深化，成员之间的信任关系与日俱增，这种信任关系的加强很大程度上避免了非合作博弈的"囚徒困境"，为联盟稳定奠定了良好的基础。真正联盟是双方认同共同的信念，对未来怀有共同的期待（情感承诺），而渠道联盟的绩效最终会表现到联盟成员双方的财务绩效和销售绩效上来。在既有竞争又有合作关系的农产品渠道联盟内部，各成员要想灵活地适应环境，就必须在互相依赖与各自的独立之间找到一个平衡点，而彼此的依赖就要求成员相互信任、彼此忠诚、信守承诺，从而为联盟的持久生存和成员企业的共同发展打下坚实的基础。

第六节　农产品营销渠道联盟稳定性的实证分析

一　农产品营销渠道联盟形成的数学描述

由上可知，农户和龙头企业的农产品渠道联盟形成的根本动力在于利益驱使，因此，首先通过利益角度分析农产品渠道联盟形成的机理。

设由农户和龙头企业组建的农产品渠道联盟中，农户拥有的农产品单位生产成本为 c_1，龙头企业收购农户产品的价格为 p_1，龙头企业销售农产品的市场价为 p_2，龙头企业销售费用为 c_2，市场需求函数为 D（为了分析的方便，假设市场需求仅仅对农产品的市场零售价格 P 敏感，引入一个简化的需求价格函数模型 $D = AP^{-k}$，$k > 1$，其中 A、k 都是常数），则农产品渠道联盟总利润为：

$$TR = (p_2 - c_2 - c_1) AP^{-k} \quad (6.23)$$

龙头企业利润为：

$$GR = (p_2 - p_1 - c_2)AP^{-k} \tag{6.24}$$

农户利润为：

$$FR = (p_1 - c_1)AP^{-k} \tag{6.25}$$

根据利润最大化原则，对 $\max\limits_{p_2}(TR)$ 求导，即令 $\frac{\partial TR}{\partial p_2} = 0$，可得渠道联盟总利润最大化情况下的最优市场价 $p_2 = \frac{k(c_1 + c_2)}{k-1}$，故有：

$$\max\limits_{p_2}(TR) = A\left(\frac{k(c_1 + c_2)}{k-1} - c_2 - c_1\right) \cdot \left(\frac{k(c_1 + c_2)}{k-1}\right)^{-k} \tag{6.26}$$

若龙头企业独立追求利润最大化，则令 $\frac{\partial GR}{\partial p_2} = 0$，可得最优价格为 $p_2 = \frac{k(p_1 + c_2)}{k-1}$，所以要同时实现渠道联盟总利润和龙头企业利润的最大化，要求 $p_1 = c_1$，此时，农户利润为零，这是不可能实现的。因此，农户和龙头企业的非合作博弈永远不能实现渠道利润最大化，合作博弈是最优选择。假设农户和龙头企业双方都满意的利润分成比例为 λ，λ 的确定原则是使农户和龙头企业能够实现帕累托改进。

因此，对龙头企业，要满足条件：$\max(GR) < \lambda \cdot \max\limits_{p_2}(TR)$，即：

$$A\left(\frac{k(P_1 + c_2)}{k-1} - P_1 - c_2\right)\left(\frac{k(P_1 + c_2)}{k-1}\right)^{-k}$$

$$< A\lambda\left(\frac{k(c_1 + c_2)}{k-1} - c_2 - c_1\right)\left(\frac{k(c_1 + c_2)}{k-1}\right)^{-k} \tag{6.27}$$

对于农户，当龙头企业取 $p_2 = \frac{k(p_1 + c_2)}{k-1}$ 时，农户的利润要满足 $(1-\lambda)\max\limits_{p_2}(TR) > \max(FR)$ 时才会同意组建联盟，即：

$$(p_1 - c_1) \cdot A\left(\frac{k(p_1 + c_2)}{k-1}\right)^{-k} < (1-\lambda) \cdot A\left(\frac{k(c_1 + c_2)}{k-1} - c_2 - c_1\right) \cdot$$

$$\left(\frac{k(c_1 + c_2)}{k-1}\right)^{-k} \tag{6.28}$$

对 (6.27) 式、(6.28) 式化简可得利润分成比例的区间为：

$$\lambda \in \left[\left(\frac{p_1 + c_2}{c_1 + c_2}\right)^{1-k}, 1 - \frac{(k-1) \cdot (p_1 - c_1) \cdot (c_1 + c_2)^{k-1}}{(p_1 + c_2)^k}\right], (k > 1) \tag{6.29}$$

当 λ 在上述区间中选择时，农户和龙头企业愿意签订契约，双方都得到了比原来更多的利润，实现了渠道联盟的建立。

二 影响农产品营销渠道联盟稳定性的因素

由上可知，当 λ 在上述区间中选择时，渠道联盟形成，但是，这种分成比例 λ 到底有多大，在模型中无法确定给出，可以根据双方协商在合约中规定，这必然受双方以及其他因素的影响，笔者根据已有的文献资料并结合目前我国农业的现实，认为有六种因素影响农户和龙头企业组建的农产品渠道联盟稳定性。

（一）农户规模

如果农户规模较小，单个农户在整个农产品行业中的销售占有率很小，导致农产品售卖价格与边际成本差距很小，这又导致渠道利润分成系数 λ 趋向 1，因此渠道联盟更加不稳定，可以通过下面分析看出。

假设农户生产某种无差异性的农产品；市场需求保持平稳或不变；不存在农产品市场供不应求。设农户 i 生产的产品数量、价格以及成本分别为 q_i、p_i 和 $C(q_i)$，则该农户的利润函数可表达为：$\pi_i = p_i q_i - C(q_i)$，对 p_i 求导有：

$$\frac{\partial \pi_i}{\partial p_i} = \frac{d(p_i q_i)}{dp_i} - \frac{\partial C}{\partial q_i} \cdot \frac{dq_i}{dp_i} = q_i + \frac{dq_i}{dp_i}(p_i - MC_i) = 0 \quad (6.30)$$

设农户 i 在整个（某地区）该农产品行业中的市场份额为：$b_i = q_i/Q$，其中，Q 为整个该农产品行业的产量。由农产品需求价格弹性的定义知，$E_p = \frac{\Delta Q}{\Delta p_i} \cdot \frac{p_i}{Q} = \frac{p_i}{Q(\frac{dp_i}{dQ})}$，于是可得：

$$\frac{dq_i}{dp_i} = \frac{dQ}{dp_i} = \frac{QE_p}{p_i}（假定\ dq_i = dQ） \quad (6.31)$$

将式（6.31）代入式（6.30）整理可得：

$$\frac{b_i}{-E} = \frac{p_i - MC_i}{p_i}，(E<0) \quad (6.32)$$

农户越分散，农户规模越小，单个农户 i 在整个行业占有率越小，由（6.32）式知 b_i 越小，农户 i 的农产品售卖价格 p_i 与边际成本 MC_i 差距越小，进而 p_i 与生产成本 c_i 差距越小，又由（6.29）式可知 λ 越趋于 1，利润分成走向极端，渠道利润被龙头企业全部拿走，渠道联盟越来越不稳定。因此，我们可以作出假定：

H1：农户规模越大，渠道联盟越稳定。

（二）农产品价格波动

农产品价格波动实际上属于影响渠道联盟稳定的外生变量，农产品价格波动越大，渠道联盟越不稳定。这里用违约率①来解释这个问题。借鉴赵西亮、吴栋（2005）的研究，假定龙头企业不会违约②，农户只有在市场价格超过契约（关系）规定的价格一定水平时才会违约。③ 考虑一个两期的交易，第一期双方根据自己的预期签订一个双方同意的契约，契约规定的价格为 p^c，假设他们的预测是充分的，即市场价格 $p = p^c + \varepsilon$，$\varepsilon \sim N(0, \sigma^2)$，其密度函数为 $f(x)$，累积密度函数为 $F(x)$。第二期，当市场价格与契约价格的差大于 ε^* 时农户会违约。所以，农户违约的概率为：

$$P(\varepsilon > \varepsilon^*) = 1 - P(\varepsilon \leq \varepsilon^*) = 1 - F(\varepsilon^*) \tag{6.33}$$

假设农户违约后，法院可以强制其履约的可能性为 θ（$0 < \theta \leq 1$）。假设契约的履约率为 β（$0 < \beta \leq 1$），即最终执行的契约比例，也是通常意义上所说履约率④，那么，契约的履约率就等于自动履约率加上违约后被法院强制执行的契约所占总签约的比例，即：

$$\beta = F(\varepsilon^*) + \theta[1 - F(\varepsilon^*)] = \theta + (1-\theta)F(\varepsilon^*) \tag{6.34}$$

因为 ε 服从正态分布，所以 $F(\varepsilon^*) = \Phi(\frac{\varepsilon^*}{\sigma}) = \frac{1}{\sqrt{2\pi}} \int_{-\infty}^{\frac{\varepsilon^*}{\sigma}} e^{-\frac{t^2}{2}} dt$，容易看出，$\sigma^2$ 越大，$F(\varepsilon^*)$ 越小，即有 $\frac{\partial F(\varepsilon^*)}{\partial \sigma^2} < 0$。由式（6.34）可知，$\frac{\partial \beta}{\partial F(\varepsilon^*)} > 0$，所以，$\frac{\partial \beta}{\partial \sigma^2} = \frac{\partial \beta}{\partial F(\varepsilon^*)} \cdot \frac{\partial F(\varepsilon^*)}{\partial \sigma^2} < 0$，即履约率 β 与 σ^2 呈反向关系，即说明在契约强制执行程度 θ 不变的情况下，农产品的市场价格波动性越大，价格偏离契约规定价格的概率也就越大，从而农户违约的概率也越大，渠道联盟就越不稳定。因此，我们可以作出假定：

H2：农产品价格波动越小，渠道联盟越稳定。

（三）农户对信誉认知

这里的农户信誉认知即是说农户对待信誉的态度。依据赵西亮、吴栋

---

① 违约率 = 一定期限内违约次数/一定期限内总签约次数。
② 现实中龙头企业也会违约，但龙头企业违约的情况并不影响模型结论。
③ 违约是因为农户可以到现货市场交易，而且获得的收益减去交易成本仍大于契约内获得的收益。
④ 可以将履约分为自动履约和强制履约，履约率就是这两者之和占总签约比例。

(2005）的研究，构造一个简单的模型来说明信誉在稳定渠道联盟中的作用。假设农户的效用是财富和信誉的函数，即他的效用函数为 $u(w, R)$，其中 $w = w(p^s)$ 是农户的财富，其财富是完全由其卖出的产品价格 p^s（假定产量为1，这不影响问题的结论）决定的，我们假设农户的初始财富为零，$\frac{\partial w}{\partial p^s} > 0$，$\frac{\partial u}{\partial w} > 0$，$\frac{\partial u}{\partial R} > 0$，即财富增加（或）和信誉增加都会增加农户的效用。$R = R(A)$ 代表信誉，它的价值取决于农户的行为 A，$(0 \leq A \leq 1)$，$A = 1$ 表示遵守契约，$A = 0$ 表示不遵守契约。遵守契约时，农户的卖出价格为契约价格，不遵守契约时，农户的卖出价格为市场价格，即：

$$p^s = \begin{cases} p^c & A = 1 \\ p & A = 0 \end{cases}$$

并且遵守契约会增加其信誉，而不遵守契约会降低其信誉，即有 $R(1) > 0 \geq R(0)$。

设农户的效用函数为 $u(w, R) = w(p^s) + \delta R(A)$，其中，$0 \leq \delta < 1$，$\delta$ 是信誉对效用影响程度。

一般来说，农户是风险规避的，即农户的效用函数为 $u(w, R) = u(w(p^s)) + R(A)$，$\frac{\partial u}{\partial w} > 0$，$\frac{\partial^2 u}{\partial w^2} \leq 0$，$R(1) - R(0) = M$，$M$ 为较大的正数。如果农户遵守契约，必有 $u(w(p^c)) + R(1) \geq u(w(p)) + R(0)$，即 $u(w(p^c)) - u(w(p)) \leq R(1) - R(0) = M$，当农户越是风险规避，$u(w(p^c)) - u(w(p))$ 越小，从而 $u(w(p^c)) - u(w(p))$ 小于 M 的概率越大，农户的履约率越高，渠道联盟越持久。这说明当信誉作用比较大时，越是风险规避的农户就会越遵守契约，进而，渠道联盟越稳定。但问题是，由于农户的经营规模很小，龙头企业将与很多的农户进行契约签订，如果一旦农户违约，企业可能因为诉讼成本太高而不会对农户违约行为进行起诉，实际上相当于降低了农户的违约成本，那么农户的市场化行为就决定了其机会主义的行为倾向，信誉对农户的约束作用大大降低，这时，农户实际上的效用函数变成了 $u(w, R) = u(w(p^s)) + \delta R(A)(\delta \to 0)$，而当 $\delta \to 0$ 时，因为，$u(w(p), R(0)) \to w(p)$，$u(w(p), R(0)) \to w(p)$。而 $w(p^s)$ 是 p^s 的增函数，所以，当 $p > p^c$ 时，会有 $w(p) > w(p^c)$，从而 $u(w(p), R(0)) > u(w(p^c), R(1))$，即：$\lim\limits_{\delta \to 0} P\{u(w(p), R(1)) > u(w(p^c), R(0)/p > p^c\} = 1$，这说明，在 $\delta \to 0$ 时，农

户几乎绝对违约,即当信誉对农户的效用影响不大时,信誉对农户违约的制约作用就很小,农户会越看重其财富的变动。此时,只要不遵守契约所得到的财富大于遵守契约所得到的财富时,农户就会违约,渠道联盟就不稳定。因此,我们可以作出假定:

H3:农户认为信誉对他越重要,渠道联盟越稳定。

(四) 农户和龙头企业的心理预

如果农户和龙头企业对合作前景和现实的认知状态存在较大差异,即心理预期差异较大,那么渠道联盟就越不稳定。依据第五章中农产品渠道联盟利益分配机制的分析,设生产函数取如下线性形式:$\pi = rl + \varepsilon$,r 是农户或者龙头企业的边际生产率,l 是农户或者龙头企业建立渠道联盟后的努力程度,设 l 是一维的,$l \in A$(A 表示农户或龙头企业所有努力水平的集合),ε 是不受农户和龙头企业控制的外生随机变量,$\varepsilon \sim N(\mu, \sigma^2)$,$\mu_F$、$\mu_G$ 分别是农户和龙头企业对 ε 均值的估计,它们可以反映农户和龙头企业对于渠道合作中可能遇到困难的估计,也可以看成是农户和龙头企业对自然状态 ε 的心理预期。设龙头企业是风险中性的,农户是风险厌恶的,则总渠道贡献为:$\pi_T = \pi_F + \pi_G$,龙头企业作为联盟的主导方,会对农户的努力加以激励,设 β 为激励系数(分成系数),则农户的收入为:$s(\pi_T) = \beta \pi_T$,因农户具有不变绝对的风险规避特征,农户存在风险成本:$C_F^R = \frac{1}{2}\rho\beta^2 \text{Var}(\pi_T) = \frac{1}{2}\rho\beta^2\sigma^2$,$\rho$ 为农户的风险规避系数。农户的努力成本设为:$c_F(l_F) = \frac{1}{2}bl_F^2$,$b$ 为努力成本系数,那么农户的实际收入为:$s(\pi_T) - c_F(l_F) - C_F^R$,这样农户的期望效用函数为:

$$E(S(\pi_T) - c_F(l_F)) - \frac{1}{2}\rho\beta^2\sigma^2 = \beta(r_F l_F + r_G l_G + \mu_F) - \frac{1}{2}bl_F^2 - \frac{1}{2}\rho\beta^2\sigma^2 \quad (6.35)$$

龙头企业的期望效用函数为:

$$E(\pi_T - \beta \pi_T) = (1 - \beta) \cdot (\pi_T + \mu_G) \quad (6.36)$$

根据 stacklberg 博弈模型,龙头企业效用最大化存在两个约束:个体理性(IR)和激励相容(IC)。设农户的保留效用为 $\bar{u}$,于是可得激励相容约束条件为:

$$\beta(r_F l_F + r_G l_G + \mu_F) - \frac{1}{2}bl_F^2 - \frac{1}{2}\rho\beta^2\sigma^2 > \bar{u} \quad (6.37)$$

由于信息不对称，农户努力水平不能被观察到，农户追求自身利益最大化，根据（6.36）式，其目标函数为：

$$\max[\beta(r_F l_F + r_G l_G + \mu_F) - \frac{1}{2} b l_F^2 - \frac{1}{2}\rho\beta^2\sigma^2] \tag{6.38}$$

当目标函数（6.38）最大化（个体理性约束）时，即对 l_F 求导得：

$$l_F = \frac{\beta r_F}{b} \tag{6.39}$$

而龙头企业也追求的利益最大化，但是是在农户利益最大化和保留效用约束下的：

$$\max[(1-\beta)\cdot(r_F l_F + r_G l_G + \mu_G)] \tag{6.40}$$

$$s.t. \beta(r_F l_F + r_G l_G + \mu_F) - \frac{1}{2} b l_F^2 - \frac{1}{2}\rho\beta^2\sigma^2 > \bar{u} \tag{6.41}$$

$$l_F = \frac{\beta r_F}{b} \tag{6.42}$$

将（6.41）式和（6.42）式代入（6.40）式，得到关于 β 的函数，然后对 β 求导可得最优契约为：

$$\beta = \frac{r_F^2 + b(\mu_F - \mu_G)}{r_F^2 + \rho\sigma^2 b} \tag{6.43}$$

可见，渠道联盟最优契约不仅与农户边际生产率 r_F，农户风险规避系数 ρ 等因素有关，也与农户和龙头企业对外生变量 ε 均值的估计值 μ_F 和 μ_G 有关。当 μ_F 和 μ_G 相等时，即双方的心理预期一致时，$\beta = \frac{r_F^2}{r_F^2 + \rho\sigma^2 b}$，此时 β 是相对稳定的，也就是说渠道联盟稳定，不受心理预期的影响。而当 μ_F 和 μ_G 差越大，代表双方对未来的估计认知差异越大，β 就越偏离稳定的状态，这时渠道联盟就越不稳定。因此，我们可以作出假定：

H4：农户和龙头企业达成的共识越多，渠道联盟越稳定。

（五）产品专用性

产品专用性是指农户按商品契约规定生产出来的产品如果不按约卖给契约方，就可能受到较大损失。显然，专用性越强，这种损失越大。一般来说，农户签约生产的产品的专用性越强，违约转售于市场的可能性就越小，渠道联盟的稳定性就越强。把农户规模和产品专用性结合起来，我们可以得出影响渠道联盟稳定的综合变量（见表6-2）。

从表6-2可以看出，在产品专用性强的情况下，所有商品契约都是

非常稳定的,进而渠道联盟关系也稳定,因此,要想提高渠道联盟的稳定性就要提高产品的专用性,因此,我们可以作出假定:

H5:产品专用性越强,渠道联盟越稳定。

表6-2 产品专用性强弱与农户规模大小对渠道联盟稳定性的影响

	专用性弱	专用性强	专用性中等
龙头企业与小农户契约	$C_{:11}$ -	$C_{:12}$ + +	$C_{:13}$ -
龙头企业与大农户契约	$C_{:21}$ +	$C_{:22}$ + +	$C_{:23}$ + +

说明:C_{ij}表示渠道联盟种类($i=1$、2;$j=1$、2、3)。+ +表示非常稳定;+表示比较稳定;-表示不稳定。

资料来源:尹云松等:《公司与农户间商品契约的类型及其稳定性考察》,《中国农村经济》2003年第8期。

(六)信息不对称程度和交易成本

一般情况下,信息不对称程度越大,产生逆向选择与道德风险的可能性越大,联盟越不稳定。另外,信息不对称程度越大,交易成本就越高,越不利于渠道联盟稳定与持久,我们可从以下分析模型中看出。

结合上述的分析,我们引入农户价格谈判力 c_p,如果把 c_p 简单数量化地定义为农户得到的中间利润份额与渠道联盟利润总额之比,则:

$$c_p = \frac{FR}{TR} = \frac{p_1 - c_1}{p_2 - c_1 - c_2}, c_p \in [0,1] \tag{6.44}$$

在农户和龙头企业信息不对称情况下,农户掌握市场信息有利于提高农户的谈判能力,搜寻市场信息的成本 C 是决定谈判力的重要外生变量,假设农产品销售量为 Q,则农产品单位分摊的搜寻成本为 $c_0 = \frac{C}{Q}$,假定农户分享了渠道全部利润,可得到农户谈判力的最大值,即:$p_1 - c_1 = p_2 - c_1 - c_2 - C/Q$,进而 $p_1 = p_2 - c_2 - \frac{C}{Q}$ 时,农户谈判力最大,最大值为:

$$c_{p\max} = 1 - \frac{C}{(p_2 - c_2 - c_1)Q} \text{①} \tag{6.45}$$

---

① 谈判能力显然和产品品质有着极大关系的,所以品质是指平均品质,即产品品质无差异,涉及的价格和成本也是平均价格和平均成本。农户单位农产品的投入 c_1 在产品收获之时就已经确定,同时中介利用已有的销售渠道进行产品销售时成本 c_2 也是相对稳定的,故本文视其为常数。

从 (6.45) 式可以看出农户的谈判力 c_p 直接和交易成本 C 成反方向变化，而交易成本又和信息的对称与否负相关，因此，信息越对称，交易成本越低，农户的谈判力就越强，渠道联盟就越稳定。因此，我们可以作出假定：

H6：交易成本越低，渠道联盟越稳定。

三 实证分析

(一) 模型的建立

为了检验上述影响农户和龙头企业渠道联盟稳定因素，明确上述影响因素对渠道联盟稳定影响的程度，笔者对武汉市周边 200 个农户发放了调查问卷，问卷发放采用留置问卷的方式，有效问卷回收 177 份，回收率 89%。最终样本特征如下。

性别统计中，男性占 62.3%，女性占 37.7%；年龄分布 57% 在 45—55 岁；文化程度中，初高学历的占 67.4%；收入来源中，有 44.4% 的农户收入来源靠外出打工，有 33.7% 的农户收入来源靠种粮，有 21% 的农户收入来源靠种经济作物，只有 0.9% 的农户收入来源是靠土地发包和开办工厂。由上描述统计可以看出，调查样本中男性居多，文化程度普遍较低，多为中年人，收入来源也主要以种粮和种经济作物为主，符合农村生活群体的特征，样本具有较强的代表性和典型性。

参考已有的研究，在调查中通过农户的履约率来定义渠道联盟的稳定程度，将 75% 以上的履约率定义为关系稳定，将 75% 以下的履约率定义为关系不稳定（郭红东，2006）。所以我们可以选择二项 Logistic 模型来分析渠道联盟稳定性的影响因素。在这里，我们选择 $i=1$ 为渠道联盟稳定（75% 以上的履约率）；$i=0$ 为渠道联盟不稳定（75% 以下的履约率）。根据前述的研究假设，选择了 6 个解释变量。所有解释变量和被解释变量的含义与取值，如表 6-3 所示。

(二) 实证结果分析

使用 SPSS13.0 统计软件，得到影响渠道联盟稳定性的二项 Logistic 模型的实证结果（见表 6-4）。模型的卡方值为 47.676（Sig = 0.000），表明模型整体上具有显著性意义。

根据 Logistic 模型的估计结果可知：

(1) 农户规模和价格波动都对渠道联盟稳定性有显著性影响。且农户规模的影响为正，农产品价格波动的影响为负，这和前面的理论分析是一致的，即农户规模越大，渠道联盟越稳定；价格波动越大，渠道联盟越不稳定。

表 6-3   实证模型变量说明

变量	含义	取值
被解释变量	渠道关系状况	稳定（75%以上的履约率）=1，不稳定（75%以下的履约率）=0
解释变量		
x_1	农户规模	主要农产品年销售额小于5000元（小户）=1，主要农产品年销售额在5000—10000元之间（中户）=2，主要农产品年销售额大于10000元（大户）=3
x_2	农产品价格波动	在10%范围内波动=1，在10%—20%范围内波动=2，在20%—50%范围内波动=3，在50%以上范围内波动=4
x_3	农户信誉的认知	不重要=1，重要=2，非常重要=3
x_4	农户和龙头企业的心理预期	达成的共识很少=1，达成的共识较少=2，达成的共识较多=3，达成的共识很多=4
x_5	产品专用性	完全自我决定生产=1，部分自我决定生产=2，完全按照订单生产=3
交易成本		
（1）谈判（x_6）		合同订立很不顺利=1，合同订立比较顺利=2，合同订立很顺利=3
（2）履约（x_7）		合同执行很不顺利=1，合同执行比较顺利=2，合同执行很顺利=3

表 6-4 影响农户和龙头企业渠道联盟稳定性的 Logistic 模型估计结果

解释变量	B	Wald	Sig.	Exp（B）
常数项	0.077	1.149	0.946	
x_1	0.711*	0.595	0.073	2.037
x_2	-1.382**	0.592	0.019	0.251
x_3	-0.265	0.435	0.541	0.767
x_4	0.137	0.340	0.688	1.147
x_5	0.348	0.317	0.271	1.416
x_6	-0.872**	0.327	0.008	0.419
x_7	-0.711	0.595	0.232	0.494

说明：1. Cox and Snell = 0.209，Nagelkerke = 0.250，Chi-square = 47.676，Sig = 0.000；

2. *表示在0.10的显著性水平下显著，**表示在0.05的显著性水平下显著。

实际上，从博弈的角度也有结论：要使两个组织合作关系稳定，双方合作的利润分成比例的理论极限值为 $\lambda = 1/2$（孙健等，2006）。它说明建立渠道联盟的成员，只有在均享未来共同收益时，才没有破坏契约的冲动从而使联盟稳定。均享收益，要求建立农产品渠道联盟的成员实力相当，否则这种关系很难长期稳定下去。因此，农户规模①对渠道联盟双方稳定来说是至关重要，较大的农户规模可以降低龙头企业获取单位货源的成本，所以在买卖双方的重复博弈中龙头企业愿意让利于农户来形成稳定合作关系（隐性的或显性的）。Zylbersztajn（2003）对巴西订单农业的研究也得出，农户规模越大，其履约率越高，合作关系越稳定。孟枫平（2004）也用沙普利值证明了龙头企业倾向于与大农户合作，并且这种合作关系非常稳固。而从我国农村实际发展现状来看，由于农户分散，其规模与实力偏小、偏弱，农户仍旧没有处在一个与龙头企业相称的合理区间内，这就导致了农户和龙头企业的"违约困境"（周立群、曹利群，2001），进而影响渠道联盟稳定。

（2）谈判成本对渠道联盟稳定性有显著影响，且影响系数为负。这说明，交易成本中的谈判成本对渠道联盟稳定性具有重要影响，这和前面的假设也是一致的，即谈判成本越高，渠道联盟越不稳定，但是履约成本影响不显著。

（3）信誉认知、心理预期和产品专用性检验结果都不显著。但是，心理预期和产品专用性都对联盟合作有正的影响，即达成的共识越多，合作越稳定；越按照订单生产，合作越稳定。而农户对信誉越看重，渠道联盟越不稳定，这和前面的假设不一致，可能的解释是，农户看重信誉，但又怕环境变化影响收益，所以就不敢参与合作，但这需要进一步研究。

（4）从表6-4还可以看出，影响渠道联盟稳定性因素重要程度上，价格波动居首位，其次是交易成本和农户规模，最后是心理预期，说明外部市场价格因素成为影响渠道联盟的首要变量。

四 结论及建议

以上实证分析显示：扩大农户规模，降低农产品市场价格波动性，降低农户与龙头企业之间谈判成本，都显著促进了农产品渠道联盟关系的稳定。而信誉、心理预期和产品专用性影响不显著，但基本上是正的

---

① 这里的规模因素包括销售量、资金势力、组织程度等综合因素。

影响。因此，要提高渠道联盟稳定性，必须综合考虑以上几方面因素，全面建立农产品渠道联盟稳定机制（制度化）。

（一）发挥期货市场功能，降低农户的违约动机

通过上述分析可以看出，进而造成渠道联盟不稳定的根本动因是利益驱动，而这种驱动力的来源在于外部市场变动对农户收益造成的不确定威胁，因此，可以引入期货交易机制，稳定农户收益，降低其违约动机。

农户可根据期货市场的信息及时调整种植结构，了解产品的远期价格和市场需求。企业签订订单后可参与期货交易进行保值，合理规避价格波动风险，从而减少违约，同时能保证农户的利益，甚至提供更高的价格，让利于农户。因此，应大力发展农产品期货市场，增加新品种，增强期货市场与现货市场之间的联系，为农户和龙头企业联盟合作提供避险工具。

（二）大力发展农业合作社组织

从以上理论和实证分析，农户规模对渠道联盟稳定性影响显著。规模越大，渠道联盟越稳定。Gary L. Frazier（1999）曾提出，合作双方力量的平衡，有助于双方在相互磨合中达到某种均衡，进而降低强大一方控制弱小一方的期望，并降低在合作过程中的机会主义行为，有利于合作关系的稳定。

要大力发展农业合作社，须农户规模化。合作社（代表农户）使农户进入了与龙头企业对等地位的区间，并且合作社规模扩大常会伴随着合作社数量的减少，从而增加合作社的稀缺性（张闯，2005）。这会造成龙头企业对合作社较强的依赖性，这有利于农产品渠道联盟的稳定。

（三）建立农户和龙头企业间的信息共享与信任机制

由我们以上分析可知，交易成本（特别是谈判成本）对渠道联盟稳定影响显著。因此，渠道联盟建立和稳定的有效的条件之一就是要保持良好的信息共享，降低交易成本。

首先，可在合作契约中加入龙头企业为农户提供技术和信息支持的条款。实践证明，这些支持条款有助于降低合作双方的合作成本，提高整个渠道系统的效率和稳定性（Warning and SooHoo, 2000）。另外，这实际上也是龙头企业对农户的专用性投资，而农户生产的产品对龙头企业来说就是专用性产品，也有助于渠道联盟的稳定。

其次，建立农户和龙头企业间的信任机制。相互信任使得农户和龙头企业为了实现共同的目标，相互妥协，从而使渠道的稳定性、绩效得以提

高（贺艳春、周磊，2004）。

最后，要发挥政府部门的中介与权威作用，政府部门可以利用信息资源为农户提供相关的服务，如审查龙头企业的真实性和违约情况以保证企业的可靠性进而促进合作关系的稳定。

本章小结

本章以农户和龙头企业构建的农产品渠道联盟为研究对象，从"硬机制"和"软机制"两方面研究我国农产品渠道联盟稳定性。

从"硬机制"方面的研究是把农产品渠道联盟稳定与否看作一种动态的平衡，应用演化博弈的分析模型研究影响农产品渠道联盟稳定性的因素。

从动态演进的历程可以看出，联盟关系演化的长期均衡结果（即稳定与否）与该博弈的支付矩阵密切相关，即在一定的信息引导机制下，演化博弈的结果受到博弈双方初始状态影响。为了促进建立高效而稳定的农产品渠道联盟，在长期不断的博弈中，具有操控实力的龙头企业必须具有合作意识，重视演化博弈系统中引导演化关系的重要因素。比如，提高渠道合作收益，降低合作成本，建立公平的利益分配机制和利益补偿机制，建立良好的信任机制等，这将使渠道联盟向着有利稳定的方向发展。

从"软机制"方面的研究是把农产品渠道联盟看成是一种社会网络组织，联盟成员对合作困难、未来前景等的心理预期以及渠道成员对声誉的认知都可能影响农产品营销渠道联盟的稳定。

实证分析显示，扩大农户规模，降低农产品市场价格波动，降低农户与龙头企业之间谈判成本，都显著地促进了农产品渠道联盟关系的稳定。而信誉、心理预期和产品专用性影响不显著，但基本上是正的影响。因此，要提高渠道联盟稳定性，必须综合考虑以上几个方面的因素，全面地建立农产品渠道联盟稳定机制，包括：发挥期货市场功能，降低农户的违约动机；大力发展农业合作社组织；建立农户和龙头企业间的信息共享与信任机制等。

第七章 结论与展望

本书针对我国农产品渠道的现实状况、未来发展需要和理论研究不足提出研究我国农产品渠道联盟问题。本书以渠道联盟理论为基础，重点探讨了将渠道联盟的思想、方法、策略等应用到我国农产品渠道领域的有效途径及应着力解决的问题，力求为我国农产品营销渠道的实践提供有益指导。本书的理论与实证研究对丰富和完善我国农产品渠道理论，解决我国农产品渠道中存在的各自为政、缺乏整合、成本居高、信息不畅等问题，进而弱化"小农户"与"大市场"之间的矛盾具有重要理论和现实意义。

第一节 研究结论

一 关于农产品营销渠道联盟一般问题的分析

（一）农产品营销渠道联盟的内涵、特征与分类

农产品渠道联盟是农产品渠道成员在致力于相互信任和共同长远目标的基础上，通过横向或纵向联合、协议或股权联结而组建的一种具有"战略合作关系"的分销网络利益共同体。它的特点表现在：（1）联盟是在核心企业主导下构建和运行的；（2）联盟主体间有较高的专业化分工；（3）联盟是一个具有动态性、开放性、松散性、灵活性的网络组织；（4）联盟的目的是打造具有"大流通、大市场、大集团"特征的农产品流通格局。它包括基于联盟组织模式的纵向联盟和横向联盟及基于联盟结构模式的股权式联盟和契约式联盟。

（二）构建我国农产品营销渠道联盟的必要性及优势

从世界发达国家农产品流通渠道实践和我国农产品流通渠道发展现实看，联盟都是必然趋势与必然选择。世界发达国家农产品流通渠道总体特征表现为：（1）渠道主体组织化、规模化；（2）渠道关系合作化、一体

化。因此，通过组建具有共同目标和利益追求的农产品渠道联盟，实现渠道主体组织化、规模化及关系合作化、一体化是现代农产品流通发展的主要方向和必然趋势。我国农产品渠道存在的主要问题是：（1）渠道主体组织化程度低，集约化、联盟化的渠道链条缺失。（2）渠道主体之间利益联结机制不完善，信任机制缺失，合作化水平低，渠道关系不稳定。因此，推动和引导广大农户、农业龙头企业、农产品经销商之间树立共同的远景目标，形成"风险共担、利益共享"的利益联结机制，进而建立在信息共享、相互信任和长期合作基础上的渠道联盟，是解决我国当前"小农户"与"大市场"矛盾的重要内容。构建农产品渠道联盟可以使处于联盟网络中的成员专注核心优势，增强渠道竞争力；分享市场信息，降低经营风险；实现协同效应，创新经营方式；培育渠道主体，增强组织化程度。

（三）构建我国农产品营销渠道联盟的可行性和条件

农产品渠道成员不同的资源优势、国家积极的产业政策、信息技术的发展和应用为构建农产品渠道联盟提供了资源条件、政策保障和技术支持。但构建农产品渠道联盟需要以联盟有明确的目标和行动计划，联盟成员间有组织相容性，联盟成员间有相互信任性，联盟成员间公平、科学、合理的利益分配，联盟成员间有一定程度的对称、依赖性为条件。

（四）我国农产品营销渠道联盟主体的界定

农产品渠道联盟主体一般分为生产环节联盟主体、加工环节联盟主体、流通环节联盟主体三个部分。其成员涉及农户、专业合作社、农产品加工企业、农产品营销企业、农产品批发商、零售商（主要是超市）等。但考虑我国农产品流通面临的主要问题是"小农户"与"大市场"之间的矛盾。因此，本书对农产品渠道联盟的研究将重点关注：农户及与其发生直接联系的农产品渠道组织（合作社，农产品加工、营销企业，批发商，超市等）之间的关系上。

二 关于农产品营销渠道联盟模式的选择

（一）农产品营销渠道联盟组织模式选择

对渠道联盟组织模式的选择而言，研究认为，应从资源优势的角度发挥合作社、龙头企业、批发商、超市等联盟主体的作用，构建"渠道纵横联盟网"。主要有五种联盟组织模式：合作社主导下的联盟组织模式；加工企业主导下的联盟组织模式；营销企业主导下的联盟组织模式；批发商主导下的联盟组织模式；超市主导下的联盟组织模式。

（二）农产品营销渠道联盟结构模式选择

对渠道联盟结构模式选择而言，依据上联盟成员双方的"依赖性和控制程度"，理论分析认为，当盟主对盟员的依赖性强时，对联盟有强的控制要求，选择股权式联盟（合资式或相互持股式联盟）这种控制力强的联盟方式较为适宜；反之，则选择契约式联盟。实证研究显示，资源依赖和风险感知是影响农产品渠道联盟结构模式选择的主要因素。资源依赖性越强，越倾向于选择股权式联盟；风险感知越强，越倾向于选择契约式联盟。

三 关于农产品营销渠道联盟运行机制的构建

农产品渠道联盟的基本运行目标是"合作共赢"，合作机制是农产品渠道联盟有效运行的基本机制。为促进合作，需要建立农产品渠道联盟的信息共享机制、利益分配机制、信任机制和监督约束机制。

（一）信息共享机制

信息共享机制是农产品渠道联盟成功运作的基础，它有利于促进农产品联盟成员间合作水平的提高，有利于实现农产品渠道联盟的聚合效应，有利于实现农产品消费者的满意。博弈分析显示，信息共享能提高参与信息共享的渠道成员利润水平。构建农产品渠道联盟信息共享机制的策略包括：信息共享的激励机制；信息共享的保障机制。

（二）利益分配机制

科学合理的利益分配机制是农产品渠道联盟成功运作的核心。斯塔克尔伯格博弈模型分析显示，农产品渠道联盟利益分配主要受成员努力程度、边际贡献大小、风险规避程度、市场风险大小等因素的影响。利用改进的 Shapley 值法利益分配策略，既考虑了风险因素对收益分配的影响，又考虑了各成员努力程度，从而得出的利益分配方案让各成员更容易接受，有利于农产品渠道联盟的稳定发展。建立科学合理的利益分配机制包括：规范核心企业的行为；以联盟整体收益最优为准则，按成员的努力程度、边际贡献大小、风险规避程度、市场风险大小等进行分配；核心企业对联盟新增价值分配时，要以让渡出去的利润的边际效用相等为原则；建立公平有效的农产品渠道联盟绩效评价体系；要特别注意对农户利益的保护。

(三) 信任机制

信任机制是农产品渠道联盟有效运行的核心。构建农产品渠道联盟信任机制，有助于增强农产品渠道联盟成员间的合作灵活性，督促农产品渠道联盟成员间的自动履约，降低农产品渠道联盟成员间的交易成本，减少农产品渠道联盟成员间的冲突，增加联盟双方专用性资产投入，进而保持联盟的稳定。博弈分析显示，联盟总收益随着盟员企业和核心企业间相互信任度的提高而提高，信任机制能够实现对联盟整体收益的提升作用。构建农产品渠道联盟信任机制的内容包括：建立农产品渠道联盟信任评审机制；建立农产品渠道联盟信任产生机制；建立农产品渠道联盟信任保障机制。

(四) 监督约束机制

监督约束机制是农产品渠道联盟高效运行的基本保障。博弈分析显示：在静态博弈的条件下，盟员企业实施机会主义的最优选择取决于核心企业的监督概率；在动态博弈的条件下，盟员企业实施机会主义是对核心企业采取策略的最佳反应；在重复博弈的条件下，核心企业和盟员企业间存在"不实施监督"和"不实施机会主义"的可能性，但这并非成员不实施机会主义的充分条件，因此，必须建立一种监督约束机制，以增加对机会主义的监管和惩处，进而保证联盟关系的持久与稳定。基于此，本书提出了基于联盟内部和外部的监督约束机制构建策略。基于联盟内部的监督约束机制包括成员选择机制、事前约束机制、事中监督机制和事后惩罚机制；基于联盟外部的监督约束机制包括法律约束机制、声誉约束机制、隐性社会关系合同约束机制。

四 关于农产品营销渠道联盟稳定性的分析

基于农户和龙头企业农产品渠道联盟稳定性研究表明，农产品渠道联盟稳定性除了受合作产生的额外收益、双方为合作而付出的初始成本、收益与成本比较以及双方贴现因子的影响，还受成员对客观自然状态认识的心理预期以及渠道成员对声誉的认知的影响。因此，稳定农产品流通渠道成员间的关系，除了建立公平的利益分配机制和利益补偿机制，科学的农产品渠道联盟绩效评价体系，还要加强沟通，建立有效的信息共享机制，相互信任机制，同时发挥声誉机制的约束作用。

实证分析显示：农户规模、价格波动、谈判成本都对由农户和龙头企业组建的农产品渠道联盟稳定性有显著性影响，而信誉认知、心理预期和产品专用性的影响不显著。在影响渠道联盟稳定性因素重要程度上，价格波动居首位，其次是交易成本和农户规模，最后是心理预期，这说明外部市场价格因素成为影响农产品渠道联盟稳定的首要变量。因此，要提高农产品渠道联盟稳定性，必须综合考虑以上几个方面的因素，全面地建立农产品渠道联盟稳定机制。主要包括：发挥期货市场功能，降低农户的违约动机；大力发展农业合作社组织；建立农户和龙头企业间的信息共享与信任机制。

第二节　研究展望

本书在定义农产品渠道联盟内涵的基础上重点研究了我国农产品渠道联盟的模式选择、运行机制构建和稳定性问题。但由于农产品渠道联盟研究目前还是一个新的领域，理论体系和实践模式处在不断完善和探索之中，还有很多问题有待今后进一步研究。

一　农产品营销渠道联盟管理问题

农产品渠道联盟管理就是运用计划、组织、协调、控制等管理职能，对渠道联盟中的生产、加工、储运、销售等环节的人、财、物、信息、技术等要素进行整合，以期获得农产品价值增值和整个渠道的运行效率的提高。主要涉及价值管理、组织管理、信息管理、物流管理、冲突管理等，这些管理如何在联盟合作中实施，是未来需要进一步研究的内容。

二　农产品营销渠道联盟的风险控制问题

风险控制问题是农产品渠道联盟研究中极其重要的内容。构建农产品渠道联盟不仅要求在联盟中建立科学合理的利益分配机制，同时为了避免风险、减小风险对联盟的威胁，还应建立合理的联盟风险控制机制，对联盟运营中可能出现的风险进行分析、评价，并采取相应的防范措施，以最大限度降低风险造成的威胁。比如，风险识别、风险评价、风险预警、风险处理等，这也是未来需要进一步研究的内容。

三　农产品营销渠道联盟的合作绩效评价问题

联盟合作绩效评价有助于联盟成员认识和发现差距，从而及时改进业务流程，调整目标和策略以适应市场的变化。这里面主要涉及评价对象（财务绩效还是非财务绩效）、评价主体、评价模型、评价指标体系、评价标准、评价方法等，这是未来需要进一步研究的内容。

四 农产品营销渠道联盟的稳定性测评问题

本书对农产品渠道联盟稳定性的研究主要以农户和龙头企业构成的农产品渠道联盟为研究对象，其实质是研究联盟单个合作环节的稳定性，而没有涉及联盟结构整体稳定性，这是本书的研究局限。另外，对农产品渠道联盟稳定性的研究着重分析了影响稳定性的因素，并基于此提出了保持农产品渠道联盟稳定性的机制，但分析和把握联盟的稳定性，客观上要求对联盟是否稳定以及稳定的程度进行及时准确的判定，这就涉及联盟稳定性的测评问题。因此，依据科学的测评机理，建立合理的指标体系，选择正确的测评方法，对联盟稳定性进行及时、准确的测评也是未来需要进一步研究的内容。

附　　录

A　农产品渠道关系稳定性调查问卷

亲爱的农民朋友，您好：

　　为了解农户与企业的农产品购销契约执行状况并发现问题，进行相关的对策研究，特作本调查。本问卷采用不记名方式填答，希望您按照实际中的真实情况进行填写，我们保证本调查所有数据仅用于学术研究，您的所有资料都将会受到严格保密。非常感谢您的热心协助！

　　说明：以下问题请在最符合的选项后画"√"。

（一）问卷内容

1. 您家庭的农产品主要销售对象是？

　　A. 批发商　　B. 加工厂　　C. 超市　　D. 其他

2. 您和上述的销售对象一年之内的合同履约率一般在？

　　A. 10%以下　　B. 10%—25%　　C. 25%—50%　　D. 50%—75%
E. 75%—85%　　F. 85%以上

3. 您和上述的销售对象一年之内的农产品销售额是？

　　A. 年销售额在5000元以下　　B. 年销售额在5000—10000元之间
C. 年销售额在10000元以上

4. 根据您的经历，一年以内您与上述销售对象交易的农产品价格波动范围一般在？

　　A. 10%以内　　B. 10%—20%　　C. 20%—50%　　D. 50%以上

5. 您认为信誉在您与上述的销售对象发生交易的过程中扮演的角色重要吗？

　　A. 不重要　　B. 重要　　　C. 非常重要

6. 总体来看，在面临市场发生变化、价格发生波动时，您和上述农产品销售对象之间达成的共识？

A. 达成的共识很少　　B. 达成的共识较少　　C. 达成的共识较多　　D. 达成的共识很多

7. 在决定生产何种农产品时，您通常采取哪种方式？

A. 完全有自我决定　　B. 部分自我决定　　C. 完全按照订单进行

8. 您和上述销售对象如果有订立合同的经历，总体来讲，这个合同订立过程顺利吗？

A. 很不顺利　　　　B. 比较顺利　　　　C. 很顺利

9. 您和上述的销售对象如果订立了合同，总体来讲，合同执行顺利吗？

A. 很不顺利　　　　B. 比较顺利　　　　C. 很顺利

（二）填表人基本信息

1. 性别

A. 男　　B. 女

2. 年龄

A. 25 岁以下　B. 25—35 岁　C. 35—45 岁　D. 45—55 岁　E. 55 岁以上

3. 文化程度

A. 小学以下（含）B. 初中　C. 高中（职）　D. 专科　E. 大学及以上（含）

4. 家庭年收入

A. 5000 元及以下　　B. 5000—8000 元　　C. 8000—10000 元　D. 10000—20000 元　E. 20000 元以上

5. 您家庭收入的主要来源是

A. 种粮　B. 外出打工　C. 养殖　D. 种经济作物　E. 土地发包　F. 开办工厂

【问卷到此结束，非常感谢您的协助！】

B 农产品营销联盟结构模式选择调查问卷

贵公司负责人同志:

您好!

这是一份关于农产品营销联盟结构模式选择调查问卷,本问卷调查对象是已经与农产品流通成员建立合作关系的农业企业,旨在研究影响农产品营销联盟结构模式选择的若干因素,为农业企业提高营销渠道联盟能力提供有力依据。请您如实回答,本调查数据仅仅用于学术研究,我们会为您的资料严格保密。非常感谢您的热心协助!

(一) 企业及合作概况

以下问题请在最符合的选项后画"√"。

1. 贵公司属于:
   A. 国有　　B. 集体　　C. 私营/民营　　D. "三资"企业　　E. 其他

2. 贵公司所从事的分别是:
   A. 乳制品加工　　B. 畜牧养殖　　C. 肉类加工　　D. 蔬菜销售　　E. 饲料生产销售　　F. 其他

3. 贵公司与营销渠道合作伙伴建立联盟关系的时间有:
   A. 1年以下　B. 1—3年　C. 3—5年　　D. 5年以上

4. 贵公司在与渠道成员合作中投入的资源类型有哪些?(可多选)
   A. 资金　B. 土地、厂房　C. 市场资源　D. 管理技能　E. 营销技能与知识　F. 人员　G. 其他

5. 合作伙伴在与贵公司合作中投入的资源类型有哪些?(可多选)
   A. 资金　B. 土地、厂房　C. 市场资源　D. 管理技能　E. 营销技能与知识　F. 人员　G. 其他

6. 贵公司与渠道成员组建的联盟目前处于联盟阶段的:
   A. 成立初期　B. 发展成长期　C. 成熟稳定期　D. 衰退期

(二) 对农产品渠道联盟的描述

您对下列有关联盟的描述持何种态度,请用1—5标明,其中5代表非常同意,1代表非常不同意,请在您认为最符合情况的数字上画"√"。

问 项 描 述	非常同意	比较同意	一般	不太同意	非常不同意
Q1 我方企业需要投入很多监管人员来防范渠道伙伴的投机行为	5	4	3	2	1
Q2 我方企业需要投入很多资金来防范渠道伙伴的投机行为	5	4	3	2	1
Q3 我方企业需要投入很多时间来协调与渠道伙伴的合作关系	5	4	3	2	1
Q4 我方企业需要投入很多精力来协调与渠道伙伴的合作关系	5	4	3	2	1
Q5 渠道联盟伙伴不履约对联盟承诺的可能性较大	5	4	3	2	1
Q6 渠道联盟伙伴有比较大的可能性私占联盟体资源	5	4	3	2	1
Q7 联盟伙伴有比较大的可能性歪曲、谎报信息	5	4	3	2	1
Q8 联盟伙伴有比较大的可能性怀有不为人知的目的和计划	5	4	3	2	1
Q9 联盟伙伴有比较大的可能性不投入	5	4	3	2	1
Q10 由于加入联盟我方关键资源流失，导致我方丧失核心竞争力的可能性较大	5	4	3	2	1
Q11 由于政府政策变化、经济衰退等因素使联盟受到损失的可能性较大	5	4	3	2	1
Q12 由于激烈的竞争、需求波动等因素使联盟受到损失的可能性较大	5	4	3	2	1
Q13 由于联盟体缺乏竞争力进而可能使联盟受到损失	5	4	3	2	1
Q14 由于运气欠佳导致联盟受到损失的可能性较大	5	4	3	2	1
Q15 联盟合作中时常面临市场需求的急剧变化	5	4	3	2	1
Q16 联盟合作中时常面临政府政策的调整	5	4	3	2	1
Q17 联盟合作中时常面临相关法规的调整	5	4	3	2	1
Q18 联盟合作中时常面临行业标准的调整	5	4	3	2	1
Q19 联盟合作中时常面临竞争对手竞争策略的改变	5	4	3	2	1
Q20 联盟合作中时常面临市场监管手段的变化	5	4	3	2	1
Q21 我方企业与我方的渠道伙伴分工明确	5	4	3	2	1
Q22 我方与渠道伙伴的分工需要进行经常性沟通（反）	5	4	3	2	1
Q23 我方与渠道伙伴的分工需要大量的协调工作（反）	5	4	3	2	1
Q24 我方与渠道伙伴的分工需要经常调整（反）	5	4	3	2	1
Q25 我方与渠道伙伴的分工需要很多管理人员的参与（反）	5	4	3	2	1
Q26 联盟关系的确立对我们企业的发展极为重要	5	4	3	2	1
Q27 渠道伙伴的资源对我们企业的发展非常重要	5	4	3	2	1
Q28 与其他潜在联盟成员相比，渠道伙伴更具优势	5	4	3	2	1
Q29 我们很难再找到其他可以替代的渠道联盟伙伴	5	4	3	2	1

续表

问 项 描 述	非常同意	比较同意	一般	不太同意	非常不同意
Q30 渠道伙伴的能力完全可以满足我们的要求	5	4	3	2	1
Q31 渠道伙伴的能力是我们企业发展所急需的	5	4	3	2	1
Q32 联盟关系的确立对渠道伙伴的发展极为重要	5	4	3	2	1
Q33 我们的资源对于渠道伙伴的发展极为重要	5	4	3	2	1
Q34 与渠道伙伴的其他潜在联盟成员相比，我们更具优势	5	4	3	2	1
Q35 渠道伙伴很难再找到其他可以替代的联盟对象	5	4	3	2	1
Q36 我们的参与可以使渠道伙伴获得更高收益	5	4	3	2	1
Q37 我们和渠道伙伴以前就有过很多接触	5	4	3	2	1
Q38 我们和渠道伙伴以前就有很多业务往来	5	4	3	2	1
Q39 我们和渠道伙伴以往联盟合作很愉快	5	4	3	2	1
Q40 双方对彼此能力都有很深刻的认识	5	4	3	2	1
Q41 我方向渠道联盟投入了很多物质资源	5	4	3	2	1
Q42 我方向渠道联盟投入了很多金融资源	5	4	3	2	1
Q43 我方向渠道联盟投入了很多技术知识	5	4	3	2	1
Q44 我方向渠道联盟投入了很多管理经验	5	4	3	2	1
Q45 我方向渠道联盟提供了很多优秀的组织结构知识	5	4	3	2	1
Q46 我方渠道向联盟提供了很多优秀的企业文化	5	4	3	2	1
Q47 我方向渠道联盟提供了很多优秀的企业学习能力	5	4	3	2	1
Q48 所组建的联盟所处的行业竞争十分激烈	5	4	3	2	1
Q49 我们合作双方所处行业产品的替代品较多	5	4	3	2	1
Q50 我们合作双方所处的行业有大量的潜在进入者	5	4	3	2	1
Q51 我们合作双方面临的外部市场竞争十分激烈	5	4	3	2	1
Q52 我们合作双方面临的竞争对手的市场竞争力很强	5	4	3	2	1
Q53 合作双方面临的竞争对手有很强的营销能力	5	4	3	2	1
Q54 我方倾向于采取股权式联盟这种联盟形式	5	4	3	2	1
Q55 我方倾向于采取契约式联盟这种联盟形式	5	4	3	2	1
Q56 我方与渠道伙伴的联盟关系富有成效	5	4	3	2	1
Q57 我方对联盟关系比较满意	5	4	3	2	1
Q58 我方实现了联盟的预期目标	5	4	3	2	1
Q59 我方从联盟中获得大量收益	5	4	3	2	1
Q60 这一联盟对我方的市场价值有很大提升	5	4	3	2	1
Q61 这一联盟给我方带来长期的竞争力	5	4	3	2	1
Q62 这一联盟给我方带来更大的竞争优势	5	4	3	2	1

参考文献

毕小青、彭晓峰：《形形色色的战略联盟》，《企业经济》2000 年第 5 期。

蔡柏良：《构建流通战略联盟是流通体制改革的重要战略》，《江苏商论》2004 年第 9 期。

蔡继荣：《战略联盟稳定性机理及联盟治理研究》，博士学位论文，西南交通大学，2006 年。

蔡文著、刘华：《我国农产品营销渠道建设存在的问题与对策》，《湖北农业科学》2010 年第 2 期。

陈阿兴、岳中刚：《试论农产品流通与农民组织化问题》，《农业经济问题》2003 年第 2 期。

陈超：《猪肉行业供应链管理研究》，博士学位论文，南京农业大学，2003 年。

陈朝阳、赵学礼：《营销渠道动态联盟构建研究》，《时代经贸》2006 年第 10 期。

陈洁、吕巍、崔鸿：《营销渠道战略联盟形成动因研究》，《上海管理科学》2005 年第 1 期。

陈菊红、汪应洛、孙林岩：《虚拟企业收益分配问题博弈研究》，《运筹与管理》2002 年第 1 期。

陈民利：《弱势制造商营销渠道联盟构建》，《经济与管理》2010 年第 2 期。

陈晓群、冉春娥：《构建新型农产品营销渠道》，《农村经济》2007 年第 7 期。

戴建华、薛恒新：《基于 Shapley 值法的动态联盟伙伴企业利益分配策略》，《中国管理科学》2004 年第 4 期。

邓宏图、米献炜：《约束条件下合约选择和合约延续性条件分析》，

《管理世界》2002 年第 12 期。

杜岩：《我国农产品营销渠道优化研究》，博士学位论文，山东农业大学，2009 年。

杜义飞、李仕明：《供应链的价值分配研究——基于中间产品定价的博弈分析》，《管理学报》2004 年第 3 期。

冯蔚东、陈剑：《虚拟企业中伙伴收益分配比例的确定》，《系统工程理论与实践》2002 年第 4 期。

高映红、何沙、苏燕平：《虚拟企业运作中的信任机制研究》，《价值工程》2002 年第 5 期。

顾骅珊：《价值链管理理论及在战略联盟实践中的运用》，《科技管理研究》2005 年第 9 期。

桂萍、谢科范：《"盟主—成员"型战略联盟的利润分配》，《管理工程学报》2007 年第 3 期。

郭红东：《龙头企业与农户订单安排与履约：理论和来自浙江企业的实证分析》，《农业经济问题》2006 年第 2 期。

何廷玲、夏文汇：《我国农产品流通加工企业物流联盟的对策研究》，《商业经济文萃》2005 年第 3 期。

贺艳春、周磊：《论营销渠道战略联盟中相互信任问题》，《商业经济与管理》2004 年第 11 期。

黄深泽：《心理预期对战略联盟稳定性的影响》，《科技与管理》2005 年第 4 期。

黄志坚：《公司与农户契约行为的演化博弈稳定性分析》，《农村经济》2006 年第 9 期。

黄祖辉、刘东英：《我国农产品物流体系建设与制度分析》，《农业经济问题》2005 年第 4 期。

贾平：《基于供应链动态联盟的农产品物流组织设计》，《农村经济》2007 年第 10 期。

贾生华、吴波、王承哲：《联盟绩效提升路径实证研究》，http：//down.cenet.org.cn/view.asp？Id＝56509，2006 年 7 月 28 日。

蒋国平：《企业战略联盟高失败率原因分析及其成功之路》，《现代财经》2001 年第 1 期。

揭筱纹：《产业链联盟视角下的农业产业化经营模式研究》，《软科学》2007 年第 1 期。

寇平君、卢凤君、沈泽江：《构建我国农产品市场流通模式的战略性思考》，《农业经济问题》2002 年第 8 期。

李娜：《供应链企业间信任机制问题研究》，硕士学位论文，天津商业大学，2009 年。

李艳秋：《渠道战略联盟价值实例分析》，《商业时代》2007 年第 8 期。

林建宗：《机会主义治理：基于组织间关系的分析》，《商业研究》2009 年第 8 期。

林建宗：《组织间协调机制的影响因素分析——以 ASP 外包关系为例》，《现代管理科学》2008 年第 2 期。

林寿富、赵定涛、毕军贤：《基于双边依赖性的大型煤炭企业战略联盟结构模式选择模型及其应用》，《科学学与科学技术管理》2007 年第 12 期。

刘凤芹：《不完全合约与履约障碍——以订单农业为例》，《经济研究》2003 年第 4 期。

刘芹：《产业集群交易行为声誉治理机制的博弈分析》，http：//down. cenet. org. cn/view. asp? id = 72184，2007 年 7 月 31 日。

刘益、李垣：《基于资源风险的战略联盟结构模式选择》，《管理科学学报》2003 年第 4 期。

卢福财、胡平波：《网络组织成员合作的声誉模型分析》，《中国工业经济》2005 年第 2 期。

马林、沈祖志：《基于供应链的农产品产销策略联盟构建分析》，《华南农业大学学报：社会科学版》2004 年第 4 期。

孟韬：《组织间信任与嵌入：产业集群组织营销中的信任机制分析》，《经济管理》2007 年第 3 期。

孟园：《供应链信息共享模式及其比较分析》，《物流科技》2008 年第 3 期。

牛保全：《营销渠道合作理论及其应用》，《商业研究》2008 年第 1 期。

邵炜：《论虚拟企业的信任机制》，《技术经济》2006 年第 6 期。

孙剑、李崇光：《论农产品营销渠道的历史变迁及发展趋势》，《北京工商大学学报》（社会科学版）2003年第2期。

孙素娟：《营销渠道联盟形成机理研究》，硕士学位论文，郑州大学，2006年。

王菲：《我国农产品加工企业战略联盟的构建模式及对策》，《农业经济》2010年第2期。

王富华、梁辉：《企业声誉对企业战略联盟发展隐性激励效应研究》，《商场现代化》2009年第35期。

王慧娟、何建敏：《动态联盟收益分配问题的博弈分析》，《现代管理科学》2004年第7期。

王吉林：《竞争性战略联盟中联盟结构模式选择的实证研究》，硕士学位论文，重庆大学，2007年。

王玲：《供应链网络竞合机制：一个演化博弈的视角》，《预测》2007年第5期。

王玲：《基于博弈论的供应链信任产生机理与治理机制》，《软科学》2010年第2期。

王能民、孙林岩、汪应洛：《绿色供应链管理》，清华大学出版社2005年版。

王小丽：《供应链中信息共享的激励策略研究》，《企业经济》2006年第2期。

王新利、李世武：《论我国农产品流通渠道再造》，《物流科技》2008年第2期。

王战平、李海瑞：《营销渠道联盟形成机制研究》，《集团经济研究》2006年第9期。

魏纪泳、汤书昆、崔浩等：《基于利益相关者合作博弈的决策优化与收益分配》，《运筹与管理》2005年第2期。

吴冠之、刘阳：《基于共生模式下的渠道合作与联盟》，《北京工业大学学报》（社会科学版）2006年第6期。

吴冠之：《渠道网络的竞争与合作》，《经济管理·新管理》2001年第8期。

吴海滨、李垣、谢恩：《基于博弈观点的促进联盟合作机制设置》，《系统工程理论方法应用》2004年第2期。

夏春玉、薛建强、徐健：《农产品流通：基于网络组织理论的一个分析框架》,《北京工商大学学报》(社会科学版) 2009 年第 4 期。

夏天、叶民强:《双头企业模型战略联盟决策的稳定性研究——不完全信息条件下 KMRW 声誉模型的博弈分析》,《科技管理研究》2006 年第 6 期。

许晓晖、张立峰、张伟:《农产品合作营销中信任机制的培育途径》,《商场现代化》2009 年第 16 期。

严浩坤、王庆喜:《基于风险感知角度的战略联盟构建分析》,《科学学与科学技术管理》2004 年第 1 期。

严太华等:《农产品定价权研究——基于中间利润分成模型的分析》,《财经研究》2005 年第 10 期。

杨慧:《论流通渠道战略联盟实施的几个难点》,《江西财经大学学报》2003 年第 6 期。

杨屹、林宣雄、陈伟:《动态联盟合作伙伴间收益分配模型及其求解方法的研究》,《数量经济技术经济研究》2003 年第 11 期。

尹成杰:《对农业产业化经营利益分配机制的思考》,《中国农村经济》1998 年第 2 期。

尹洪英:《供应链合作关系的稳定性及其稳定机制研究》,硕士学位论文,西安理工大学,2006 年。

于涵:《面向供应链协调的信息共享与信息价值研究》,硕士学位论文,天津大学,2008 年。

张闯、夏春玉:《农产品流通渠道:权力结构与组织体系的构建》,《农业经济问题》2005 年第 7 期。

张敏:《基于核心企业的农产品供应链分析》,《物流技术》2004 年第 5 期。

张树义、赵东梅、李强:《论企业战略联盟分配机制设计》,《郑州工业大学学报》2001 年第 4 期。

张修志、夏志杰、黄立平:《基于 EIP 的供应链信息共享模式研究》,《情报杂志》2007 年第 3 期。

赵德余等:《粮食订单的缔约难题及其合约改进》,《中国农村观察》2005 年第 4 期。

赵西亮等:《农业产业化经营中商品契约稳定性研究》,《经济问题》2005 年第 3 期。

赵阳：《论农产品供应链合作伙伴信任机制的建立》，《商业经济》2009年第6期。

赵一夫、任爱荣：《对我国蔬果物流发展状况的调查报告》，《中国农业科学院农业经济与发展研究所研究简报》2007年第11期。

钟哲辉、张殿业：《基于博弈机制的物流信息共享研究》，《经济问题》2009年第6期。

周立群、邓宏图：《为什么选择了"准一体化"的基地合约》，《中国农村观察》2004年第3期。

朱述斌：《"共生型"中国农产品价值链管理的理论与方法研究》，博士学位论文，北京林业大学，2009年。

万俊毅：《准纵向一体化、关系治理与合约履行——以农业产业化经营的温氏模式为例》，《管理世界》2008年第12期。

庄贵军、席酉民、周筱莲：《权力、冲突与合作——营销渠道中私人关系的影响作用》，《管理科学》2007年第6期。

Prashant Kale et al., "Learning and protection of proprietary assets in strategic alliances Building relational capital", *Strategic Management Journal*, No. 21, 2000, pp. 217–237.

Adam Fein and Sandy Jap, "Manage consolidation in the distribution channel", *Slogan Management Review*, No. 41, 1999, pp. 61–72.

Anderson, J. C. and J. A. Narus, "Model of Distributor Firm and Manufacturer Firm Working Partnerships", *Journal of Marketing*, Vol. 54, No. 4, 1990, pp. 42–58.

Barney, Jay B., Hansen, Mark H., "Trustworthiness as a Source of Competitive Advantage", *Strategic Management Journal*, Vol. 15, No. 8, 1994, pp. 175–190.

Birnbirg, J. G., "Control in interfirm cooperative relationships", *Journal of Management Studies*, Vol. 35, No. 4, 1998, pp. 421–428.

Carolyn Y. Nicholson, Larry D. Compeau, Rajesh Sethi, "The role of interpersonal liking in building trust in long-term channel relationships", *Academy of Marketing Science Journal*, Vol. 29, No. 1, 2001, pp. 3–16.

Cremer David, "Trust and fear of exploitation in a public goods dilemma", *Current Psychology*, Vol. 18, No. 2, 1999, pp. 33–45.

Das, T. K. and B. S. Teng, "Managing Risks in Strategic Alliances", *Academy of Management Executive*, No. 13, 1999, pp. 50 – 62.

Das, T. K. and Bing – Sheng Teng, "A Resource – Based Theory of Strategic Alliances", *Journal of Management*, Vol. 26, No. 1, 2000, pp. 31 – 61.

Doney, P. M. and Cannon, J. P., "A Examination of the Natural of Trust in Buyer – Seller Relationships", *Journal of Marketing*, Vol. 61, No. 2, 1997, pp. 35 – 51.

Dussauge and Garrette, "Determinants of success in international strategic alliances: Evidence from the global aerospace industry", *Journal of International Business Studies*, No. 26, 1995, pp. 505 – 530.

Dwyer F. Robert, Schurr, Paul H., Oh Sejo, "Developing Buyer – Seller Relationships", *Journal of Marketing*, Vol. 51, No. 2, 1987, pp. 172 – 211.

Fornell, C. and Larcker, D. F., "Evaluating structural equation models with unobservable variables and measurement error", *Journal of Marketing Research*, Vol. 18, No. 1, 1981, pp. 39 – 50.

Fynes, B., Voss, C., "The Moderating Effect of Buyer Supplier Relationships on Quality Practices and Performance", *International Journal of Operations and Production Management*, Vol. 22, No. 6, 2002, pp. 589 – 613.

Gulati, R., "Alliances and Networks", *Strategic Management Journal*, Vol. 19, No. 4, 1998, pp. 293 – 317.

Hau L. Lee, Seungjin Whang, "Information sharing in a supply chain", *International Journal of Manufacturing Technology and Management*, Vol. 1, No. 1, 2000, pp. 79 – 93.

Heide, Jan B. and Anne, S., "The shadow of the future: Effects of anticipated interaction and frequency of contact on buyer – seller cooperation", *Academy of Management Journal*, Vol. 35, No. 2, 1992, pp. 265 – 291.

Heide, Jan B. and John, George, "Do Norms Matter in Marketing Relationships?", *Journal of Marketing*, Vol. 56, No. 2, 1992, pp. 34 – 58.

Heiko Wolters and Frank Schuller, "Explaining supplier – buyer partnerships: A dynamic game theory approach", *European Journal of Purchasing and*

Supply Management, Vol. 3, No. 3, 1997, pp. 155 – 164.

Jakki Mohr, Robert Spekman, "Chracteristics of Partnership Success: Partnership Attributes, Communication Behavior, and Conflict Resolution Techniques", *Strategic Management Journal*, Vol. 15, No. 2, 1994, pp. 135 – 152.

Jap, S. D. and Anderson, E., "Safeguarding iner – organizational performance and continuity under expost opportunism", *Management Science*, Vol. 49, No. 8, 2003, pp. 1684 – 1701.

Joshi, A. W. and S. J. Arnold, "The Impact of Buyer Dependence on Buyer Opportunism in Buyer – Supplier Relationships: The Moderating Role of Relational Norms", *Psychology and Marketing*, Vol. 14, No. 8, 1997, pp. 823 – 845.

Karl Morasch, "Strategic alliance as Stackelberg cartels – concept and equilibrium alliance structure", *International Journal of Industrial Organization*, No. 18, 2000, pp. 257 – 278.

Mayer, Roger C., James H. Davis and F. David Schoorman, "A Integrative Model of Organizational Trust", *Academy of Management Review*, Vol. 20, No. 30, 1995, pp. 709 – 734.

Ming Zeng, "Managing the cooperative dilemma of joint ventures: The role of structural factors", *Journal of International Management*, No. 9, 2003, pp. 95 – 113.

Ming – Zeng and Xiao – Ping Chen, "Achieving cooperation in multiparty alliances: A social dilemma approach to partnership management", *Academic Management Review*, Vol. 28, No. 4, 2003, pp. 587 – 605.

Morgan, R. M. and S. D. Hunt, "The Commitment – Trust Theory of Relationship Marketing", *Journal of Marketing*, Vol. 58, No. 3, 1994, pp. 20 – 38.

Parkhe and Arvind, "Understanding Trust in International Alliances", *Journal of World Business*, Vol. 33, No. 3, 1998, pp. 219 – 241.

Quinn, Jim and Murray, John, "The Drivers of Channel Evolution: A Wholesaling Perspective", *International Review of Retail, Distribution and Consumer Research*, Vol. 15, No. 1, 2005, pp. 3 – 25.

Ring and Van de Ven, "Structuring Cooperative Relationships between Organizations", *Strategic Management Journal*, Vol. 13, No. 7, 1992, pp. 483 -498.

Sako, M. and S. Helper, "Determinants of trust in supplier relations: Evidence from the automotive industry in Japan and the United States", *Journal of Economic Behavior and Organization*, No. 34, 1998, pp. 387 -417.

Sampson, R. C., "Organization Choice in R&D Alliances: Knowledge-based and Transaction Cost Perspectives", *Managerial and Decision Economics*, No. 25, 2004, pp. 421 -436.

Siguaw, Judy A., Penny M. Simpson and Thomas L. Baker, "Effects of Supplier Market Orientation on Distributor Market Orientation and the Channel Relationship: The Distributor Perspective", *Journal of Marketing*, Vol. 62, No. 4, 1998, pp. 99 -111.

Teece, J. G., "Competition, cooperation and innovation organizational arrangements for regimes of rapid technological progress", *Journal of a Economic Behavior and Organization*, No. 4, 1992, pp. 1 -25.

Vazquez, Rodolfo et al., "Distribution Channel Relationships: The Conditions and Strategic Outcomes of Cooperation between Manufacturer and Distributor", *International Review of Retail, Distribution and Consumer Research*, Vol. 15, No. 2, 2005, pp. 125 -150.

Wilkinson, Ian F., "A History of Network and Channels Thinking in Marketing in the 20th Century", *Australasian Journal of Marketing*, Vol. 9, No. 2, 2001, pp. 23 -52.

Yan, A., and Zeng, M., "International joint venture instability: A critique of previous research, a reconceptualization, and directions for future research", *Journal of International Business Studies*, Vol. 30, No. 2, 1999, pp. 397 -414.

后　　记

2010—2014 年笔者相继申请了教育部人文社会科学研究青年基金、湖北省社会科学基金和中南民族大学中央高校基本科研业务费专项资金项目，均获得资助，这些项目都是围绕中国农产品流通问题展开研究，部分项目已经结题，在此期间，笔者也完成了博士论文，这萌生了出版学术专著的想法，一方面是对过去工作的一个阶段性总结；另一方面也想通过这样一种形式能够更好地与同行展开学术交流和相互学习，推动学术研究走向更高层次。

近五年来，作者一直朝着这个方向努力，除了上述科研项目，还主持了国家社科基金青年项目"农产品流通渠道变革及其福利效应研究"（12CGL067）、国家社科基金重点项目"中国特色新型农业经营体系构建研究"（14AZD030）子项目"新型农业经营体系的运作模式与实现机制创新研究"等 5 项课题；先后在《管理世界》、《财贸经济》、《农业经济问题》、Advance Journal of Food Science and Technology、Journal of Electronic Commerce in Organizations 等学术期刊累计发表论文 40 余篇，其中 1 篇被《新华文摘》封面文章全文转载，4 篇被人大复印资料全文转载，17 篇被 CSSCI 期刊收录；以第一作者分获全国商务发展研究成果奖（2012/2013）二等奖、湖北省社会科学优秀成果奖三等奖（2011）、武汉市社会科学优秀成果奖三等奖（2014）、中国科协国家级科技思想库（湖北省）优秀决策咨询成果奖三等奖（2013）各 1 项，截至 2014 年 12 月，论文被引用累计达 450 多次（中国知网），单篇最高引用达 86 次，部分研究成果和建议得到湖北省政府主要领导批示，并被湖北农业厅和商务厅采纳应用。

值此书付梓之际，特别要感谢导师李崇光教授，在日常研究和此书写作过程中，他给予了很多的帮助并倾注了大量的心血；还要感谢华中科技大学孙霞给予的帮助；感谢中南民族大学中央高校基本科研业务费专项资金的支持；感谢管理学院重点学科基金的资助；最后我还要感谢我的父母和妻子，他们一直对我无私地奉献，在物质上和精神上给予我大力支持，使我能专心于研究，不断地成长。

另外，在写作过程中，笔者参阅、借鉴、引用了部分学者的论文、著作及资料，吸取了许多有价值的观点和意见，但有些参考文献并未一一列出，在此也一并表示诚挚的感谢！

赵晓飞

2015 年 1 月